für

Inge und Willi
Ersil

von Eurer
Engeltraud.

Chemnitz, Februar 2009.

Engeltraud Zarbuch

Juliane

Eine Erzählung
(mit Motiven aus dem Leben
meiner Großeltern und Eltern)

Bibliografische Information der Deutschen Nationalbibliothek:
Die Deutsche Nationalbibliothek verzeichnet diese Publikation in der
Deutschen Nationalbibliografie. Detaillierte bibliografische Daten sind
im Internet über http://dnb.d-nb.de abrufbar.

© 2009 Engeltraud Zarbuch
Gestaltung und Satz: Martin Heise

Titelbild © Thomas Martin Pierusche / photocase.com

Printed in Germany

Literareon im Herbert Utz Verlag GmbH, München
Tel. 089 – 30 77 96 93 | www.literareon.de

ISBN 978-3-8316-1406-6

für

Martina vom Bruch-Gerhold, geb. 1963 in Düsseldorf
und Familie
Cornelia vom Bruch, geb. 1969 in Düsseldorf
und Familie
Anja Zarbuch, geb. 1971 in Neubrandenburg/Mecklenburg
und Familie

Inhalt

1 Keine bleibende Stadt

Auf der Suche nach dem ertragreichsten Ackerland wechselte Julius Kröning von Zeit zu Zeit seinen Wohnsitz. Immer aber und überall lebte er mit seiner Familie ein einfaches, arbeitsames, doch selbständiges und freies Leben auf eigener Scholle. Seine Jüngste, die nach ihm genannte Juliane, drehte sich mitten im Feld unter den arbeitenden Frauen im Kreise. Felder, Felder, Felder – ein scheinbar endlos weiter Kreis unter wolkenlos blauem Himmel. »Du solltest mithelfen beim Rübenverziehen«, kritisierte die gestrenge Mutter das spielende Kind. »Wir sind nicht zum Spaß auf der Welt, das merke dir!«

Nicht nur in der Familie, auch unter den Arbeitern besaß Frau Kröning Autorität. Jeder Klatsch über Abwesende verstummte, wenn Rosina Kröning erschien. »Viel zu hart ist sie für eine Mutter«, sagten die einen, während andere sie entschuldigten: »Wo käme die Familie wohl hin bei dem Mann, der keiner Fliege ein Haar krümmt?«

Doch Rosina schaute auf zu ihrem Julius. »Er hat andere Qualitäten«, verteidigte sie ihn – auch vor sich selbst. »Seine Pläne sind durchdacht und gut. Keinen übervorteilt er. Er ist gerecht, bloß – er hat ein bißchen zu viel Gemüt für einen Mann.« Das aber wollte sie ausgleichen, auch wenn manche Leute behaupteten: »Sie hat die Hosen an.« Im ganzen Umkreis dachten viele mit dankbarer Hochachtung an die kleine couragierte

Bäuerin, die als Krankenschwester zu ihnen gekommen war. Ihre Härte wollten sie hinnehmen, aber nicht ihre Hilfe entbehren. Auf Rosina konnte man zählen, wenn irgendwo ein Kind zur Welt kommen sollte. Beschwerliche Kilometer hatte sie im Schlitten durch den wolynischen Winterschnee zurückgelegt, um Wöchnerinnen beizustehen. Sie scheute sich nicht, trotz ihrer sechs Kinder, hin und wieder eine Kranke in ihre Kammer aufzunehmen, bis die Hilflose genesen war.

Ihre drei Jungen hatten es faustdick hinter den Ohren. Die Gastpatientinnen bekamen das zu spüren. Warum mußte die Mutter auch fremde Leute ins Haus holen? Das wollten die Jungen diesen ›Weibsgebilden‹ schon vergellen. Sie verschafften sich ihren Spaß, wenn sie einer kranken Frau ein Waschbrett unter das Kopfkissen steckten oder die Wärmflasche entkorkten. Daß die Mutter hart strafte, das nahmen sie in Kauf. »Ein bißchen Abhärtung ist gut für den zukünftigen deutschen Bauer im weiten Rußland.« Sie lachten.

Juliane dagegen war recht tugendhaft. Trotzdem mußte sie auch lachen über manche Streiche ihrer rauflustigen Brüder. Das war gut so, denn für ihr kindliches Alter war sie eigentlich zu versonnen. Gerade war sie zwölf Jahre alt geworden.

Am nördlichen Waldrand wohnte Tante Helene, die leider gar zu oft krank lag. Weil nun die beiden großen Schwestern fleißig an ihrer Aussteuer webten und nähten, wurde Juliane in den Haushalt der kranken Tante geschickt. Sie war den Männern gram, die ihr die Schwestern wegholen wollten.

Allein wanderte sie über das hügelige Land. Sie mußte an den Sonntag denken, als die Kutsche mit den blanken, schlanken Pferden in den Hof eingefahren war. Zwei bejahrte Männer waren ausgestiegen. Es folgte eine weitschweifige Begrüßung. Daß diese Männer ihre Schwestern musterten, war ihr nicht entgangen. Immer schon hatte sie die Gebärden der Erwachsenen beobachtet. Als dann alle Kinder das Zimmer verlassen sollten, hatte Juliane sich in die leerstehende Fremdenkammer geflüchtet. Von hier aus wollte sie hören, was es mit diesem Besuch für eine Bewandtnis hatte. »Eure Töchter sind uns als Frauen für unsere Söhne empfohlen worden.« Aha, dachte Juliane, gar nichts Gutes wollen diese Gäste. Sie wollen die Schwestern wegholen, und sie müßte dann noch härter ran. Sie schlich sich fort zum Hofhund Hasso. Doch ihr Streicheln galt mehr ihr selbst als dem Hasso. Ein paar Tränen perlten in das braungraue Fell des treuen Tieres.

Als dann die Familie wieder zusammengerufen wurde, gab es für alle anderen eine muntere Feststunde. Die Erwachsenen sprachen dem kräftigen Getränk zu, bei dem sie immer viel redeten und lachten. Dann knallte die Peitsche. Die gestriegelten Pferde galoppierten mit der Sonntagskutsche davon. Jetzt eröffnete der Vater seinen beiden ältesten Töchtern: »Also, meine liebe Dorothea und meine liebe Marianna, ab heute seid ihr verlobt. Bald werden wir Hochzeit feiern. Die Familie eurer Bewerber hat einen guten Ruf unter den deutschen Siedlern. Mutter und ich, wir haben gern ja gesagt.« Verstohlen lächelten sich die Mädchen zu. Beide hatten blutrote Gesichter. Juliane schlich sich unbemerkt davon. Diesen Handel, mit dem sie ganz und gar nicht einverstanden war, mußte sie erst verarbeiten.

Jetzt, auf dem einsamen Weg zur Tante, dachte sie noch einmal über alles nach. Eigenwillig stampfte sie mit dem Fuß auf die harte Erde. »So möchte ich nicht an einen Mann verheiratet werden. Nein, so nicht!« »Wir sind nicht zum Spaß auf der Welt«, hatte die Mutter gesagt. »Nicht zum Spaß!« wiederholte sie laut. »Aber ich möchte doch auch ein bißchen Spaß haben.« Hier draußen war alles bunt und schön und weit. Silbern leuchtende Birkenstämme, die zarten, frischen Lärchenbäume, und kein Grün glich dem anderen. Hier die langen Kiefernnadeln und dort drüben das geheimnisvolle Dunkel hoher Fichten. Jetzt stiefelte sie durch hohes Gras am Wegrand, naschte von den prallroten Himbeeren, lief in der Waldschneise bergauf und sprang über den nachgiebig weichen Waldboden. Dann kollerte sie sich einen Mooshügel hinunter. Ganz brav klopfte sie schließlich am Haus der Tante an die Tür.

Tante Helene war es nicht gewohnt, andere Menschen zu schonen. Wie mit einer Dienstmagd ging sie mit Juliane um. Den Kräfteüberschuß der Nichte gilt es einzudämmen, sagte sie sich. Juliane beschwerte sich nicht. Sie tat alles, was die Tante verlangte. Wenn sie nur erst wieder zu Hause sein würde, würde sie dem Vater ihre geheimen Wünsche offenbaren. Dieser Tag kam. Sie waren alleine bei den Viehställen. »Vater, ich möcht' so gern in eine Schule gehen.« »In eine Schule gehen? Wie kommst du denn darauf, Julchen?« »Ich möcht' es eben gern. Ich hab' so große Lust, mehr zu wissen über die Menschen und über die Welt.«

Keins seiner Kinder hatte bisher solche Wünsche geäußert. Sie gingen auf in diesem Leben mit erfolgreicher Viehzucht und ertragreichem Ackerbau. Allerdings – von seiner Jüngsten hatte Julius es beinahe so erwartet. Einmal hatte sie auf den saftigen Kuhweiden so hingegeben an den Buchstaben geübt, daß sie es nicht wahrnahm, als die Herde das angrenzende Kornfeld niedertrat. Handfeste Prügel hatte sie dafür von Frau Rosina bezogen.

Julius strich seinem Kind über das blonde, lockige Haar. »Weißt du, ich will sowieso wieder östlich von Luzk siedeln. Dort liegen die deutschen Schulen nicht so viele Meilen weit entfernt. Dann kann ich euch im Winter ins Dorf fahren. Außerdem ist's ja ohnehin Zeit, daß du zum Konfirmandenunterricht gehst.«

Ab jetzt träumte Juliane den Traum des geheimnisvollen Lebens. Der Vater hatte ihr die Buchstaben erklärt. Auch Frau Rosina hatte darauf gedrungen. »Die Kinder müssen die Bibel lesen können. Anderes brauchen sie nicht zu lesen. Wir brauchen gute Praktiker. Aber die Bibel, die brauchen wir auch.«

Jeden Morgen in der Frühe, wenn alle anderen noch schliefen, las Rosina ihr Bibelkapitel. »Ich will aber nicht nur die Bibel lesen! – Sag', Vater, ist es das Bibellesen, das die Mutter so streng macht?« Julius erschrak nicht wenig über solche Gedanken seines Kindes. »Aber Juliane! Gewiß holt Mutter sich die Kraft für ihr Leben aus diesem Buch. Ihr Vater, dein Großvater, hat es sie so gelehrt. Wenn wir im Kreise Luzk wohnen, werden wir auf seine Spuren stoßen. Er hat dort ein evangelisches Bethaus bauen lassen, in dem er oft selbst die Andachten hielt, weil nur selten ein Pastor in die entlegenen Siedlungen kam. Bei den Evangelischen war dein Großvater ein angesehener Mann.« Julius machte eine Pause. Langsam, versonnen schüttelte er den Kopf. »Daß er an dem wolynischen Fieber so jung sterben mußte, das ist wirklich nicht zu begreifen.« Nur wie zu sich selbst sagte er es. Doch seine Juliane hatte die Ohren immer weit offen. »Aber wenn er so gläubig war, wofür hat ihn Gott dann gestraft?« »Julchen, ich glaube, das ist alles ganz, ganz anders. Ich weiß es auch nicht, wie, wieso und warum. Vielleicht weiß das überhaupt kein Mensch.« Seit diesem Tage fühlte sich Juliane ihrem Vater noch stärker verbunden als bisher schon. Jetzt kam sie sich schon ein bißchen erwachsen vor.

*

Ehe der ukrainische Winter einbrach, waren die Krönings in den Nordosten umgesiedelt. Man schrieb das Jahr 1913. Für Juliane wurde es ein herrlicher Winter, so ein richtiger Traumwinter. Mindestens dreimal in der Woche spannte der Vater seine Rappen vor den großen Kufenschlitten, und los ging's zur Schule. Die Jungen hatten ihren Spaß am Rechnen. Mit Eifer berechneten sie, wieviel Hektar Land sie einmal mit wie vielen Pferden beackern würden, während Juliane an die wundersame Geschichte dachte, die ihnen der Lehrer am Schluß eines Unterrichtstages fortlaufend erzählte. Ihre Gedanken waren bei der treuen Gudrun, die Tag für Tag, jahraus, jahrein am Felsgestein des eiskalten Meeres die Wäsche der fremden Normannen wusch. Ob wohl Herwig, ihr Verlobter, bald kommen würde, um sie zu erlösen?

Am liebsten würde sie immer in der Schule bleiben und schreiben und hören und lesen. Doch nur einen Winter währte dieses Glück. In den folgenden konnte keine Rede mehr sein vom Schulegehen. Die wolynischen Kolonisten befanden sich in einer äußerst schwierigen Lage. Ein verheerender Kriegsgeist war eingezogen. Zündstoff gab es mehr als genug. Für die Wolynier deutscher Abstammung war dieses Land seit Generationen ihre selbsterwählte Heimat. Waldland hatten sie gerodet, Sümpfe trocken gelegt, alle ihre Kräfte hatten sie eingesetzt. Der Erfolg sprach für sie im fremden Land, das längst schon ihr Zuhause war. Wohin aber gehörten sie jetzt? Konflikte blieben nicht aus, selbst innerhalb der Verwandtschaftskreise brachen sie auf. Familie Kröning gehörte zu den staatenlosen ›Württembergern‹, die seit über hundert Jahren hier siedelten. Was ging ihn, Julius Kröning, dieser wirre Krieg an? Er hatte ihn nicht gewollt. Mit den Russen, denen er begegnete, war er immer gut ausgekommen. Seine Mutter hatte gesagt: »Unbeherrscht leidenschaftlich kann der Russe sein, aber er weiß viel mehr als wir, was Reue ist. Der Russe hat Gemüt, man muß ihn nur verstehen.«

Allerdings ging es ihnen, den Deutschen, ja viel besser als den Einheimischen. Sie waren hier freie Menschen im fremden Land. Julius liebte seine Freiheit, er liebte seinen Acker, er liebte das Land, das er sein Eigen nannte. Durch die Kriegsereignisse drangen nun beängstigende Nachrichten zu ihnen heraus. Deutsche seien ausgesiedelt oder als Zivilgefangene betrachtet worden. Alle Verträge waren hinfällig. Auf kein Gesetz konnte man sich noch berufen. Mancher Wolynier schlug sich auf die deutsche Seite durch in diesem aufreibenden Stellungskrieg. Julius Kröning aber wollte seinen Boden niemandem preisgeben. Er wollte hier ausharren. Doch keiner wußte heute, wo er sich vielleicht morgen schon befand. Wie gut, daß seine beherzte Rosina zu ihm hielt. Besonnen und geistesgegenwärtig traf sie die Entscheidungen.

»Kosaken im Hof«, rief Wilhelm. Suchten sie etwa Männer, die als Soldaten ins russische Heer eingegliedert werden sollten? Nicht zum ersten Mal verschwand der Vater auf dem Dachboden. »Kosaken sind keine Menschenfresser«, sagte Rosina. »Juliane, schnell hinauf zum Vater! Bleibt still, bis ich euch rufe.« Frau Rosina trat aus dem Haus. »Na, ihr Jungs, womit können wir euch helfen?« In der Verwandtschaft war sie die einzige, die den ukrainischen Dialekt fast völlig beherrschte. Wenn ihre Eltern auch betont hatten, daß sie evangelische Deutsche waren, so hatte Rosina doch die Schwesternausbildung in einem ukrainischen Hospital absolviert. Jetzt stellte sie den Kosaken die Frage in echt chacholischem Dialekt, der kein Mißtrauen aufkommen ließ. »Futter für unsere Rosse!« »Aber ja, natürlich, und wir lassen euch nicht eher vom Hof, bis ihr auch unseren guten Tee genossen habt. Wir servieren im Freien. Würzige Luft und würziger Tee gleichzeitig.«

Ihre Jungen mußten springen, doch den Mund sollten sie halten. »Dein Mann ist wohl unter den Soldaten und deine Söhne noch Grünschnäbel.«»Wenn ich rede, hat hier keiner sonst etwas zu melden, auch ihr nicht, ihr kühnen Helden«, scherzte sie. »Oho, solche Frauen wie ihr werden den Krieg gewinnen«, lachten die Kosaken. Zwei Stunden später lag das Gehöft wieder im tiefen Frieden.

»Wie es wohl Dorothea und Marianna jetzt geht? Wahrscheinlich liegen ihre Dörfer auf der deutschen Frontseite«, dachte Julius in der Abenddämmerung laut vor sich hin. »Vielleicht sollten wir für sie beten.«»Na, Julius, wenn ich jetzt erst anfangen wollte zu beten, dann wären wir wohl schon an der Wolga und nicht mehr hier. Heute abend danken wir erst einmal.«»Danken, daß wir uns verstecken müssen? Danken, daß wir Angst haben müssen?« Ehe Frau Rosina ihrer Juliane mit einer Ohrfeige antworten konnte, hatte der Vater seinen Finger auf ihren Mund gelegt. »Juliane, bisher sind wir verschont geblieben, während viele der Unsrigen im Fuhrwerk oder zu Fuß auf den Landstraßen liegen. Warum das alles so ist, das weiß ich auch nicht.« Vater Kröning lebte damit, daß es Fragen gibt, die er nicht beantworten konnte. Rosina aber ordnete an: »Ab heute lese ich jeden Mittag den Psalm laut vor, und das merkt euch, Kinder: Gott ist nicht unser Stiefelknecht. Er ist freier Herr. Uns ist ER keine Rechenschaft schuldig.«

Nur gut, daß es zwischendurch auch ruhigere Wochen gab. Dann trafen sich die Nachbarn. Sie tauschten Erfahrungen aus, machten sich gegenseitig Mut, oder man wollte einfach nur beieinander sein. Am häufigsten kamen die Nehrings mit ihren Kindern. Drei Töchter hatten sie und einen Sohn. Friedrich war fast zwei Jahre älter als Juliane. Jedesmal wenn das Gespann der Nehrings einrollte, klopfte ihr das Herz. Der Klang der Pferdehufe tönte wie Musik in ihren Ohren. Ob Friedrich wohl einmal so werden würde wie sein Vater? Nichts wünschte sie sich sehnlicher als das. Mit Bewunderung schaute sie zu Herrn Nehring auf. Ebenso wie alle mußte er sich jetzt durch die Landwirtschaft ernähren. Wer sollte sich in diesen Kriegszeiten wohl einen Lehrer leisten können? Doch Herr Nehring richtete es immer so ein, daß er bei seinen Besuchen die Kinder und Jugendlichen wenigstens auch etwas unterrichten konnte.

Inzwischen war Juliane sechzehn Jahre geworden. Ihre Augen leuchteten, wenn Herr Nehring ihre Antworten lobte. Unmerklich sah sie fragend zu Friedrich hinüber. Gern hätte sie sich mit Friedrichs Schwester Paula angefreundet, doch das wollte ihr nicht gelingen. Lächelte Paula nicht spöttisch, wenn Juliane Fragen stellte? Herr Nehring aber ging auf jede Frage ein. Er beschrieb Land und Leute der Völker, die sich jetzt bekriegten. Woher mochte er nur wissen, daß der deutsche Kaiser Wilhelm geschrieben hatte: »Vorwärts mit Gott, der mit uns sein wird, wie er mit unseren Vätern war?« Und der Kaiser Wilhelm, woher wollte der das wissen? Sie hatte es gar nicht laut sagen wollen, darum erschrak sie über sich selbst: »und der Zar? Sagt der auch: ›Gott mit uns!‹?«

Es entging ihr nicht, daß die beiden ältesten Nehring-Mädchen geringschätzig auf sie blickten. Aber Friedrich wird mich verstanden haben, redete sie sich ein. Herrn Nehrings Antwort überraschte seine Schüler. »Gott? Die Menschen, die Krieg machen, sollten Gott nicht vor ihren Wagen spannen. Ich glaube, Gott ist mit keinem von ihnen.« Diese Behauptung brachte die Kröning-Söhne in Eifer. »Aber Gott kann doch nicht einfach die Menschen in Stich lassen!« »Nein, Kinder, so ist das nicht. Bestimmt ist Gott für jeden Soldaten da, der in den Krieg ziehen muß, der gar nichts dafür kann. Aber ich denke mir, mit den Regierungen ist Gott nicht so ohne weiteres einverstanden und erst recht nicht damit, daß Menschen sich gegenseitig totschießen.« Julianes Gesicht glühte. »Ich glaube, Mutter würde wohl Zar Nikolai ebenso verbinden wie den Kaiser Wilhelm.« Die Kinder lachten. »Spinne nicht, Juliane! Zu uns heraus kommt kein Kaiser und kein Zar.«

Als die Nehrings reisefertig waren, stellte sich Juliane neben Friedrich. Doch ihre Augen waren auf seinen Vater gerichtet. Da hörte sie etwas Absonderliches. Im Flüsterton sagte der Lehrer zum Vater: »Es gärt und schwelt unter den Russen. Vielleicht haben sie bald keinen Zaren mehr.« »Und was wird aus uns?« In Vaters Stimme schwang ein beängstigender Unterton mit. Herr Nehring zuckte die Schulter. Dann winkten die Familien einander zu. Winkte Friedrich nicht allein nur ihr zu? Mutter Rosinas Worte störten sie auf aus ihrem Traum. »Frau Nehring ist eine hochnäsige, kalte Ziege.« Juliane starrte ihre Mutter an. Es ging ihr etwas durch den Kopf. Paula – und ihre Mutter ..., und Friedrich ...?

Im folgenden Jahr überschlugen sich die Ereignisse. 1917. Rußland hatte keinen Zaren mehr. Die deutschen Truppen rückten ein. Jeder Wolynier stellte sich die Frage: »Und was wird aus uns?«

Der deutsche Leutnant Wunderlich saß mit Rosina und Julius am Küchentisch. »Wenn die deutsche Heeresmacht im Vormarsch ist, heißt das, daß Deutschland den Krieg gewinnt?« Der Leutnant runzelte die Stirn. »Weil die Russen jetzt ganz andere Probleme haben, rücken wir ostwärts. Aber es gibt auch noch die Westfront. Außerdem ist seit April Amerika in den Krieg gegen uns eingetreten. Sie können selbst weiterdenken ... Übrigens für Sie hier sehe ich nur einen Weg. Brechen Sie auf gen Westen. Je eher desto besser. Ihre Neutralität wird man Ihnen nachher schwer glauben. Auf beiden Seiten wird man Ihnen nicht glauben.«

Rosina und Julius lagen lange wach in dieser Nacht. »Ich will nicht Knecht sein in Deutschland. Meine Wurzeln sind hier tief verwachsen.« »Ja, Julius, mir geht es ebenso. Aber ... wir müssen uns entscheiden. Entweder weit hinein in den ungewissen Osten oder zurück ins ungewisse Deutschland. Vielleicht wird man uns dort Land geben, vielleicht auch Eigenständigkeit gewähren.«

Zwei Wochen später war der Treck zusammengestellt. Noch einmal ging Julius hinaus auf seinen Acker, – ganz allein ging er. Mit seinem Jackenärmel wischte er sich die Augen. Rosina hatte ihm ein Zukunftsbild gemalt, an das sie selbst nicht glaubte. Besser mit Illusionen Neuland erhoffen, als jetzt ins Bodenlose fallen. Das war ihre Philosophie. Als die letzte Malzeit im eigenen festen Haus gekommen war, las sie laut für die ganze Familie Psalmverse. Ihre Stimme klang milder als ihre Kinder sie sonst kannten. »Herr, auf dich traue ich. Laß mich nimmermehr zuschanden werden. Errette mich durch deine Gerechtigkeit. Sei mir ein starker Fels und eine Burg, daß du mir helfest. Um deines Namens willen wollest du mich leiten und führen, denn du bist meine Stärke.« Nach ihrem gläubigen »Amen« hatte sie die Sicherheit ihrer Stimme zurückgewonnen. »Gott ist nicht nur in Wolynien.«

Mit eigenen Fuhrwerken, reichlich mit Proviant versorgt, ging es unter deutschem Militärschutz gen Westen. So beschäftigt waren sie mit ihrem Leben auf den Landstraßen, daß sie heute wirklich nur an heute dachten. Sie fuhren und fuhren und fuhren bis für Julius sein schwerster Augenblick gekommen war. Für endgültig mußte er seine Pferde ausspannen. »Die deutsche Wehrmacht braucht jetzt jeden Gaul.« »Meine Rappen, meine herrlichen Rappen«, trauerte Julius. Ein Soldat klopfte ihm auf die Schulter. »In Deutschland kriegt ihr alles wieder. General Hindenburg hat es zugesagt.« Daß Julius daran glaubte, das hielt ihn aufrecht. Im dahinächzenden Zug saß er neben seiner Juliane, die sich gerade vorzustellen versuchte, wie es dort sein würde in Deutschland.

Bisher waren sie durchgekommen. Von Nahgefechten waren sie verschont geblieben. Anderen war es viel schlechter ergangen. Doch auch in diesem zusammengewürfelten Transport gab es verwundete Zivilisten. Selbstverständlich hatte die Mutter ihre Hilfe angeboten. Als sie nach ihrem ersten Dienst wieder bei der Familie war, war sie auffallend in sich gekehrt. »Das Elend im Krankenwagen hat dich wohl sehr strapaziert?« Sie schüttelte den Kopf. »Unser Herr Nehring liegt unter den Schwerverwundeten.« Juliane schreckte auf. Erich fragte: »Sind denn die Nehring-Mädchen auch in diesem Zug?« »Nein, sie sind schon mit dem anderen Transport vorausgefahren. Den Mann und Vater mußten sie unterwegs zurücklassen.« Kein Gespräch wollte mehr unter ihnen aufkommen, auch keine Zukunftsvision.

Norbert Nehring war nicht allein in seiner letzten Stunde. Rosina betete das Vaterunser an seinem Sterbelager. Als der Zug wieder einmal eine längere Rast einlegte, schaufelten die Männer ein Grab. Es war nicht das einzige Grab, das hier geschaufelt wurde.

Die Mutter war die erste, die Worte fand. »Frau Nehring weiß noch nicht, daß sie Witwe ist. Es tut mir leid, daß ich gesagt habe, sie ist eine kalte Ziege.« Juliane war betroffen. Das waren ja völlig neue Töne. Nie hatte die Mutter irgendeine Schwäche zugegeben. Immer war alles richtig, was sie tat. Juliane wollte keine Träne herauslassen, nicht vor den Brüdern, vor der Mutter auch nicht, und ringsum die vielen fremden

Menschen, die ihr alle so heldenhaft erschienen. Es würgte in ihrer Kehle. Abends im dunklen, ratternden Zug streichelte der Vater ihre Hand. Juliane weinte.

*

Bevor der Winter kam, hatten sie deutschen Boden erreicht, und als dieser irrsinnige Krieg endlich zu Ende ging, ließen sich die Krönings im Oderland nieder. Bis hierher hatte Julius jede Station als Übergang betrachtet, aber wie nun? Auf engstem Raum wohnte die sechsköpfige Familie in diesem Pommerndorf. Für wenig Lohn mußten sie auf fremdem Grund und Boden schwer arbeiten. Das nagte an ihrem Stolz. Nur Rosina schien unangefochten durch alle Unbilden mitten hindurchzugehen.

Um die beiden ältesten Söhne brauchte sie sich nicht zu sorgen. Es waren hart verpackte, kräftige Burschen. Nur Rudolph hatte sich durch die Lungenentzündung unterwegs einen Schaden geholt. Für ihn mußten sie eine leichtere Arbeit finden. Weil sie selbst, außer der Krankenpflege, zu schneidern verstand, sah sie bereits einen Weg vor sich. Daß sie ihre Juliane immer hart rangenommen hatte, zahlte sich jetzt aus. Julius war der einzige, dem ihre verborgene Sorge galt. Sie bedauerte, daß der eigentliche Landbesitzer auf einem anderen, entfernt liegenden Gut wohnte. Mit ihm würden sie gewiß gut auskommen. Bei einem Besuch hatte er sich mit Julius ausführlich unterhalten. »Schade, daß ich schon einen Inspektor über dies Land hier eingestellt habe. Sie wären mir lieb gewesen, Kröning. Aber ich hoffe, daß sie gut miteinander auskommen. Übrigens ist er gerade dabei, eine Witwe aus Wolynien zu heiraten.« Der neue Gutsinspektor hielt seinen Einzug. Stenzel hieß er.

Juliane war zum Einkauf nach Stettin gefahren. Die Straßen

und Plätze, die Brücken, alles gefiel ihr. Besonders der Oder-Strom hatte es ihr angetan. Sie schaute auf das Wasser, das es so eilig hatte, ans Ziel zu gelangen. Auch dieses Land ist Gottes Erde, ermutigte sie sich selbst. »Kleinbahn« nannte man den Zug, der für die Dorfleute in die Stadt fuhr, und der sie mit Volldampf zurück aufs Land brachte. Hier fuhr es sich gemütlich, anders als in den Güterwagen des Krieges. Man konnte sogar draußen stehen, auf einer überdachten Plattform, und hineinsehen ins flache, grüne Land zur Rechten und zur Linken. Als Juliane dann in ihr Abteil zurückgehen wollte, blieb sie plötzlich wie angewurzelt stehen. Ebenso sichtlich überrascht stand vor ihr ein junger Mann. »Friedrich!« »Juliane, wie kommst du denn hierher?« »Wir wohnen jetzt hier. Du, wir waren im gleichen Zug mit deinem Vater. Bis zuletzt war Mutter noch bei ihm. Furchtbar, daß es ihn nicht mehr gibt. Für euch muß es doch sehr schwer sein ohne ihn.« Viel zu getröstet wirkte seine Antwort. »Die schlimmen Zeiten sind vorbei, Paula hatte Glück, sie hat einen Hiesigen geheiratet. Neuerdings ist Mutter auch nicht mehr allein.« Juliane brauchte Zeit. Mit vielen Fragen in den Augen schaute sie ihn an. »Und du?« »Mutters neuer Mann ist Rittmeister. Durch ihn bin ich in eine Kaufmannslehre gekommen. Noch ein paar Privatstunden in Stettin, dann bin ich auf dem Laufenden.« »Rittmeister? Etwa der Stenzel?« Wie doch die Fäden des Lebens so laufen. Alle ihre Wunschfäden knüpfte sie in diesem Augenblick zusammen. Das ergab ein wundersames Muster.

Noch recht aufgewühlt wollte sie am Abend ihr Erlebnis Zuhause erzählen. Doch was war los mit Vater? Er hielt den Kopf in seine Hände gestützt. »Der neue Rittmeister ist ein Schuft!«, brach es aus ihm heraus. Doch das Sprechen wollte ihm nicht gelingen. Da berichtete Wilhelm, was er gesehen und gehört hatte.

»Der Stenzel hat mit Vater geredet, als sei der sein letzter Pferde-
knecht: Kröning! Punkt fünf morgens da sein. Kröning, schneller arbeiten! Kröning, Sie haben mich zuerst zu grüßen und die
Mütze zu ziehen!« Vater hat ihn gefragt: »Wie alt sind Sie, Herr
Rittmeister? Sicher etwas jünger als ich.« »Was nehmen Sie sich
heraus«, schrie der Inspektor: »Hier bin ich der Herr.« »Aber
der Stenzel, der soll merken, daß Kröning zwei starke Söhne
hat!« Wie angewachsen saß Juliane da. »Das ist ja schrecklich!
Ob Friedrich und Frau Nehring nicht ein gutes Wort für uns einlegen können?« »Was redest du da? Friedrich, Frau Nehring?
Was soll das heißen?« »Ich habe heute Friedrich im Zug getroffen. Frau Nehring hat den Rittmeister Stenzel geheiratet.« Diese
Nachricht verschlug allen die Sprache. Rosina versuchte die neue
Wirklichkeit zu erfassen. »Wollen wir abwarten. Weder vorei-
lige Hoffnungen hegen noch kurzschlüssige Vergeltungspläne
schmieden. Einfach abwarten. Außerdem möchte ich, daß wir
Sonntag in die Kirche gehen. Zu Hause war unsere Kirche zu
weit weg. Jetzt haben wir die Kirche im Dorf.« Erich und Wilhelm stießen sich unter dem Tisch mit den Füßen. Rudolph und
der Vater nickten. Juliane war sehr erregt.

Am folgenden Sonntag gingen vier der Krönings zum ersten
Mal in ihrer ›unfreiwilligen Heimat‹ in die Kirche. Die Mutter
betrat eine der mittleren Bänke. Julius wirkte still und gefaßt.
Rudolph schaute neugierig umher. Dort in der Patronatsloge saßen sie, die Stenzel und Nehring hießen. Auch Julianes Augen
hatten sie gefunden. Schnell aber richtete sie ihre Blicke auf den
Altar. »Herr Gott, hilf uns doch! Bitte, hilf dem Vater – und mir
auch.«

In der nun 20-jährigen Juliane lagen zwei Gefühle im Streit,
das verletzte Ehrgefühl und die Zuneigung zu Friedrich. Die
Worte der Predigt glitten an ihr vorüber. Viel zu heftig arbeitete

es in ihren Gedanken. Als sie das Schlußlied sangen, wagte sie einen Seitenblick. Friedrichs Lächeln traf ihr Herz.

Nach dem Gottesdienst war Frau Nehring, die nun Stenzel hieß, mit ihrem Mann, dem Rittmeister, nicht mehr zu sehen. Anscheinend hatte ihr Mann zur Eile angetrieben. Doch Friedrich ging auf die Krönings zu. »Mutter hat heute leider gar keine Zeit. Sie will aber bald einmal zu Ihnen kommen.« Ob er sich mit Juliane treffen dürfe, fragte er. Die Eltern hatten nichts dagegen einzuwenden. »Vielleicht wird doch noch alles gut«, sagte Rudolph.

Frau Nehring-Stenzel kam wirklich. Etwas verlegen sah sie sich in der Behelfswohnung um. Beinah noch wie auf der Flucht, dachte sie, doch alles wohnlich schon geordnet. Selbst die Blumen am Fenster fehlten nicht. Insgeheim bewunderte sie die tapfere Rosina, doch hatte sie Mühe, den Dank auszusprechen, den sie dieser Frau schuldete. Nur stockend kam das Gespräch voran bis Frau Stenzel dort war, wohin sie eigentlich wollte. Rosina sollte für die zweite Nehring-Tochter ein Brautkleid nähen. Als Hausschneiderin sollte sie zu den Stenzels kommen. Dort würde sie alles vorfinden, was nötig war. Ein bißchen gönnerhaft klang es, dieses Angebot. Rosinas Stolz beugte sich unter die Einsicht in die Notwendigkeit. Sie ging hin und nähte. Sie sprach nicht viel, weder dort noch daheim. Als sie einmal mit ihren Söhnen allein war, machte sie sich Luft: »Die Stenzel ist wirklich eine hochnäsige, kalte Ziege. Unsere Juliane als ihre Schwiegertochter? Vorstellen kann ich mir das nicht.«

Ihre Söhne hatten jetzt eigene Pläne. Nur fort aus Stenzels Fuchtel! Erich wollte ein paar Dörfer weiter in einen Bauernhof einheiraten. Der Bauer war ein Starrkopf. Erich mußte sich viel einfallen lassen, wenn er sich einen eigenen Lebensraum schaffen wollte. Wilhelm bewarb sich um die Stelle als erster Schweizer auf dem Nachbargut. Rudolph war mit der Autoprüfung beschäftigt. Der Landarzt brauchte einen Chauffeur.

Juliane hatte auf dem Acker mitgearbeitet. Doch nun war die Frau des Kolonialwarenhändlers Fricke an sie herangetreten. Sie brauchte eine Stütze im Hause. Das lief ja doch alles besser, als man es sich für mittellose Flüchtlinge erdenken konnte.

Julius sah nicht auf, wenn der Rittmeister kam, und dieser hielt sich in einiger Entfernung, jedenfalls solange Frau Kröning in seinem Hause nähte. Rosina hatte längst begriffen, daß ihr Julius hier nicht Fuß fassen würde. Er war nun 55 Jahre. Hätte er ohne größere Belastungen in vertrauter Umgebung leben können, vielleicht hätte seine zarte Natur durchgehalten, – vielleicht. Aber Untertan sein unter einem Herrn, der kein Herr war, das überspannte den Bogen seiner Kraft. »Herr, finde du einen Weg für Julius, ich weiß keinen. Finde du auch einen Weg für Juliane«, so betete sie oft über ihrer Arbeit. Die starke Rosina hatte manchmal ein schweres Herz.

Juliane und Friedrich trafen sich oft. Hand in Hand streiften sie durch Wald und Feld. Er erzählte ihr von all dem, was er in Stettin lernte. Eine gelehrigere Schülerin hätte er nicht finden können, und sie ließ ihn Anteil haben an ihrer Freude an Birken und Kiefern, an den zarten Rispen der Gräser. Fast alle kannte sie mit Namen. Das hatte sie Friedrich voraus. Auf Vogelstimmen zu lauschen hatte sie von ihrem Vater gelernt. Wenn über einem wogenden Kornfeld die Lerche an ihrer Tonleiter auf und nieder kletterte, stimmte Juliane mit ein in die Koloraturen der Lebensfreude. Die Lieder, die sie in Wolynien gesungen hatten, erklangen nun über dem Stückchen Pommerland, das ihre Heimat werden wollte.

So lebte Juliane in zwei Welten. Die eine Welt, das waren sechs lange, graue Tage, die andere, das waren zwei blütenweiße

Stunden, die alles Widrige aufwogen. Daheim machte sie dem Vater Mut. An einem Sonntagabend sagte sie zum Vater: »Weißt du, Vater, ich mag Herrn Stenzel auch nicht. Aber wenn ich erst verheiratet bin, dann ziehen wir alle drei mit Friedrich in die Stadt.« »In die Stadt? Was soll ich wohl in einer Stadt? Nein, ich werde nie mehr eine Heimat finden.« Rosina sah über die Brillenränder hinweg auf Julius. Ihre Stirn lag in vielen Falten. »Ja, Julius, wir haben hier keine bleibende Stadt, das stimmt. Das steht schon in der Bibel so geschrieben. Aber ehe die Zukünftige zu uns kommt, da müssen wir schon noch hindurch durch manche Wüste. Julius, miteinander geht sich's leichter.«

Dann wandte sie sich ihrer Jüngsten zu: »Und du? Ob du nicht zu sehr auf blauer Wolke schwebst? Das könnte einen Absturz geben. Sag', warum meidest du eigentlich in letzter Zeit den Gottesdienst?« Mit dieser Frage hatte die Mutter einen wunden Punkt im Alltagsgrau getroffen. »Das ist es ja, warum mir die Stunden mit Friedrich so kostbar sind. Da gibt es nichts, was mich zweifeln läßt.« »Zweifeln?« Rosina wurde resolut. »Glaube doch überhaupt erst einmal. Danach kannst du dir Zweifel leisten.« »Mutter, du kennst Frau Fricke nicht. Du siehst nur, daß sie in der Kirche eine tiefe Verbeugung macht. Aber gerade das stößt mich ab. Es stößt mich ab«, wiederholte sie erregt. Warum hatte Juliane bisher nichts über ihre Arbeitsstelle gesagt? Mit der Mutter hatte sie ja nie über das gesprochen, was sie innerlich bewegte, und dem Vater wollte sie keine Last aufbürden. Doch nun war's heraus. Sie konnte es nicht zurücknehmen, darum sprach sie jetzt weiter. »Vor den Kunden überschlägt sie sich vor lauter Liebedienerei. Die bringen ihr ja das Geld ins Haus. Aber die alte Frau Fricke, die vergießt Tränen. Zwei Gesichter! Zwei völlig verschiedene Gesichter! Habe ich zehn oder zwölf Stunden gearbeitet, berechnet sie mir acht Stunden. Mache ich sie darauf aufmerksam, antwortet sie höhnisch: ›Du kannst ja zurückgehen auf Stenzels Acker.‹ Sie ist scheinheilig. In der Kirche tut sie sich vor den Leuten. Da mag ich gar nicht erst hingehen.«

Wie unterirdisches Wasser, das plötzlich aufbricht aus dem verschwiegenen Erdreich, so sprudelte es aus Juliane heraus. Das hatten die Eltern nicht erwartet. Allerdings, wenn Rosina sich's recht besann, ... der übertrieben freundliche Ton im Laden hatte ihr nicht gefallen, und an das Bild in der Kirche erinnerte sie sich jetzt auch wieder. »Beug' dich im Kämmerlein, beug' dich nur ganz tief vor Gott. Aber spare dir die Schaustellung«, stimmt, das hatte sie mehr gefühlt als gedacht. Jetzt mußte sie ihrer Juliane helfen zu begreifen, daß Gott sich nicht blenden läßt. Frommer Heuchelschein macht IHM noch mehr zu schaffen als uns. Julius unterbrach ihre Gedanken. »Warum läßt Gott das Böse zu unter dem Schein des Guten? Das könnte ich unaufhörlich fragen. Ach, manchmal spüre ich, daß mein Verstand seine Kraft verliert. Dann kommt Angst über mich. Aber ihr sollt es wissen, trotzdem bin ich in Gottes Händen.« Rosina hatte gut hingehört. »Denkt ihr beide nur nicht, daß mir keine Fragen kommen. Aber ich hab' da für mich einen Weg gefunden. Geht es los mit dem Warum, dann frage ich einfach andersherum. Warum mußte sich Jesus so behandeln lassen, spöttisch, verächtlich? Warum hatte er kein Zuhause unter den Menschen? Warum mußte er schließlich so grauenvoll sterben? Wenn ich so frage, dann weiß ich, daß ER bei allen ist, die nicht zu Rande kommen in diesem verdrehten Leben. Manchmal denke ich aber auch ›Gott sieht das Herz an‹; und wer weiß, vielleicht schlägt der Frau Fricke in solchem Moment doch das Gewissen. Was wissen wir schon, was in einem Menschen vor sich geht?«

Daß die Mutter ihr in dieser Weise nahe sein kann, das hatte Juliane nicht erwartet.

Am kommenden Sonntag saßen die drei Krönings auf ihrem Kirchenplatz. Sie lächelten einander zu. Sie wußten, gemeinsames Tragen macht Lasten leichter. Daß sie diese Erfahrung noch sehr brauchen würden, das ahnte nur Rosina.

Rosinas Arbeiten als Hausschneiderin hatten sich länger hingezogen als vorauszusehen war, denn auch die Stettiner Verwandtschaft von Bertas Bräutigam hatte ihre Wünsche angemeldet. Unter den Kunden war auch Liselotte, die Schwester des Bräutigams. Sie war in Julianes Alter. Bei ihr hatte der große Wandspiegel eine Hauptrolle übernommen. Mit ihm war auch die Mutter des Fräuleins gern beschäftigt. Zwischen diesen beiden Stettinerinnen fand oft so ein spritziges Geplänkel statt, daß selbst die ernste Rosina manchmal lachte.

»Ein Kleid für die Operette. Frau Kröning, mögen Sie Operetten?« Rosina dachte »Flatterlieschen« und sagte: »Fräulein Liselotte, was sagen Sie nun? Ich habe noch nie eine Operette gesehen und werde sicher auch nie eine erleben. Dafür habe ich anderes erlebt, was gewiß auch nicht zu unterschätzen ist.« Lisel hielt kurz inne, dann plätscherte es weiter: »Wenn schon Sie nicht, so aber vielleicht doch ihre Tochter. Sie soll ja reizend sein.« Rosina merkte auf. Eigentlich sollte ich diese Unterhaltung besser hier beenden, dachte sie, doch als sie es aus Lisels Augen so schelmisch blitzen sah, erwiderte sie: »Fräulein Liselotte, Sie sind ja kein Kind mehr. So wissen Sie, daß wir Menschen verschieden sind. Sie – zum Beispiel – sind ein nettes, amüsantes Fräulein. Meine Juliane, die ist eben ganz anders. Vielleicht würde sie ernsthafte Opern mögen, wenn sie die Gelegenheit dazu hätte.« »So, so, die ernste Muse also«, warf die Mutter aus Stettin ein. Das neckische Mädchen aber wußte genau, was sie sagte: »Friedrich Nehring hatte bisher auch noch keine Zeit zu überlegen, ob ernst oder heiter.« Lisels Mutter war diese Wendung zuerst zwar ein wenig peinlich, doch dann packte sie die Gelegenheit beim Schopfe, um der Hausschneiderin mitzuteilen, was für die Hochzeitsfamilien längst beschlossene Sache war, daß die Feier nur im engsten Verwandtschaftskreise stattfinden würde. »Ihre Tochter wird gewiß Verständnis dafür haben.« Rosina beugte sich herunter, um den Rocksaum abzustecken. Die Stettinerinnen mußten nicht sehen, daß ihr das Blut ins Gesicht geschossen war. Die kecke Liselotte hatte das letzte Wort: »Na ja, der Friedrich, der wird sich schon noch mausern.«

Am diesem Abend war Rosina zu Hause noch wortkarger als sie es sonst schon war. Doch am nächsten Abend erzählte sie ihrer Juliane, daß die Hochzeit im Gutshause nur im engsten Familienkreise gefeiert würde. Warum sie jetzt jedoch zögerte, ihrer Tochter den Rückzug abzufordern, wußte sie selbst nicht.

Juliane aber war nun ständig mit der Frage beschäftigt, warum Friedrich ihr das nicht schon lange gesagt habe. Wollte er sie schonen? Sie war immer für Vertrauen und Offenheit. Sollte er unter dem Einfluß seiner Mutter stehen? Ihr nächstes Treffen konnte sie nun kaum erwarten. Keinen Augenblick zögerte sie, ihm ihre Fragen zu stellen. Doch ausgerechnet heute war seine Zeit viel zu knapp bemessen. Das keimende Mißtrauen konnte er nicht zerstreuen. Doch tat es ihm dann leid, daß er ihr aus dem Zug noch zugerufen hatte: »Du liebst wohl Tragödien!« In der folgenden Woche legte er sich die Worte zurecht, mit denen er den Mißklang aus der Welt schaffen wollte, und sie war bemüht, sich in seine Lage zu versetzen.

Endlich war wieder Sonntag. Befangen gingen Friedrich und Juliane aufeinander zu, doch beide waren guten Willens. Er schlug den Weg zum Gutshaus ein. »Die Dorfleute sollen sehen, daß du zu mir gehörst.« Juliane freute sich. Er ist doch wie sein Vater, dachte sie bei sich selbst. Sie hatte Hoffnung auch für ihren Vater, dem sie mit dieser Beziehung meinte helfen zu können.

Es war das erste Mal, daß sie das Gutshaus betrat. Mäuschenstill war es in dem geräumigen Haus. »Schlafen denn hier alle gerade?« fragte sie. »O nein, sie sind alle sehr lebendig zu Bertas Schwiegereltern gefahren. Wir haben jetzt die ganze Wohnung für uns.« Allerdings hatte sie sich das anders gedacht. Nun, die Welt, in der er lebt, ist eben ganz anders, sprach sie sich selber zu. Ich will ihn nicht in meine Welt zwingen. Lehrer Nehring würde sich bestimmt freuen, wenn er uns zusammen sehen könnte. O ja, sie wollte vertrauen und lieben. Für Juliane Kröning wurde es eine Stunde, aus der heraus alle folgenden Stunden und Tage ihres Lebens sich prägten. Daß sie nicht zu der Hochzeit geladen war, das konnte sie nun verschmerzen. Sie wußte, daß sie zu Friedrich gehörte für ihr ganzes Leben.

Rosina rätselte nicht lange, was in ihrer Jüngsten vor sich gehen mochte. Sie entschied, daß sie an dem Hochzeitstag im Hause Stenzel Rudolph in seinem neuen Wohnort besuchen wollten. Rudolph freute sich, denn er hatte viel zu erzählen von seinen Fahrten mit dem Landarzt.

Friedrich Nehring gefiel es neben Liselotte auf der fröhlichen Hochzeit. Schade, daß Juliane nicht so lustig ist wie dieses Mädchen aus der Stadt. Immer will sie einen Sinn in allem sehen. Selbst in ihrem Lachen schwingt noch ein ernster Unterton. Er schob die Vergleiche beiseite, und nach Mitternacht kam es ihm vor, als würfe er eine fremde Haut nach der andern ab, bis er endlich in der steckte, die nur ihm gehörte.

Freilich, Juliane sah es ein, daß ihr Friedrich manchmal in Stettin bleiben mußte. Für nichts hatte sie mehr Verständnis als dafür, daß ihr zukünftiger Mann den geistigen Horizont erweiterte, in den sie bald mit hineingenommen würde. Dieser

Verzicht würde sich auszahlen. Es war Herbst geworden. Julius Kröning machte mit seiner Tochter einen Spaziergang. »Juliane, sieh die Nebelschwaden! Ebenso sieht es in mir aus. Als wate ich mühsam durch undurchsichtiges Gewölk. Ich möchte nach Hause.« »Vater, hier ist nun unser Zuhause, jedenfalls erst einmal.« »Nein, ich möchte zurück auf mein Land, in unser Haus, zu meinen Pferden. Hier bleibe ich immer ein Fremder unter Fremden.« »Vater, ich weiß etwas. Wenn Friedrich das nächste Mal kommt, werden wir über unsere Heirat sprechen. Danach wird alles leichter für dich, das verspreche ich dir.«

Sie standen an dem säuberlich abgeernteten Feld, das an den Mischwald grenzte. Die matte Sonne hatte noch Kraft genug, die Wolken aufzureißen. »Schau, Vater, ein Sonnenstrahl durchbricht den Nebeldunst, und gleich verwandelt sich die trübe Welt um uns herum. Sieh nur das leuchtende Laub. So hab' ich auch Hoffnung für uns alle.« Julius atmete mühsam und tief. »Weil du liebst, siehst du das Leben anders. Du siehst die Farben leuchten und ich die Blätter fallen.«

Juliane konnte es kaum noch erwarten bis Friedrich kam. Wenn der Hochzeitstermin festgelegt war, wollte sie den Eltern sagen, was jetzt Friedrich noch nicht einmal ahnte. Drei volle Monate schon hütete sie ihr Geheimnis. Zwar fürchtete sie die Mutter, aber das würde ja vorübergehen.

Er kam. Ein großer Strauß von Winterastern verdeckte sein Gesicht. »Aber Friedrich, jetzt noch Blumen. So teuer!« Sie freute sich mehr als sie es nur sagen könnte. Sie freute sich auf die Stunde mit ihm allein. »Viel zu kurz ist die Zeit für all das, was wir uns zu sagen haben.« Zunächst ließ sie Friedrich aus Stettin erzählen. Einmal fiel Liselottes Name. Er machte eine Pause. »Erzähl' nur, Friedrich, ich höre dir ja so gern zu. Ich möchte alles wissen. Danach hab' ich etwas ganz Wichtiges für uns beide.«

Er sprach nicht weiter. Das also war ihr Augenblick. »Nun denn, kannst du's erraten? Jetzt wird es eilig mit unserer Hochzeit.« Als würde er erstarren statt sich zu freuen. »Friedrich, du, wir bekommen ein Kind.« Da schrie er zornig auf sie ein. »Warum hast du mir das nicht gleich gesagt? Kann man dagegen noch was tun?« Für Juliane blieben alle Welten stehen. Keinen einzigen Satz brachte sie zustande. »Doch nicht gleich so dramatisch, Julchen. Ich werde mit Mutter reden, was sie dazu meint.« – Mit seiner Mutter reden? Das sollte sie besänftigen?

Juliane lief und lief. Sie war nicht fähig, irgend etwas zu denken, was ihr hilfreich sein könnte. Das Gefühl von ohnmächtigem Ausgeliefertsein nahm ihr jede Kraft. Preisgegeben dem Unheilvollen in der Welt und so allein. Heimgehen würde sie erst, wenn die Eltern schon schliefen. Es wurde ihre dunkelste Nacht.

In der Woche kam ein Brief an. Noch nie hatte sie einen Brief erhalten, der nur an sie gerichtet war. Der Vater gab ihn ihr. Es entging ihm nicht, daß seine Jüngste zitterte. Als die Mutter in die Küche kam, stand Juliane schon im warmen Mantel, um fortzugehen. Stumm wies sie auf den Brief auf dem Küchentisch. »Weißt du, was sie hat, Julius?« Er schüttelte den Kopf. Rosina begann zu lesen:

»Meine liebe, liebe Juliane!

Als ich mit den Chrysanthemen zu Dir kam, wollte ich ernsthaft mit Dir über unsere Zukunft reden. Ich wußte ja nicht, ... Juliane, glaub' mir, ich mag Dich, ich verehre Dich. Ich werde Dich immer schätzen. Aber Mutter meint, Liselotte Witte würde besser zu mir passen – als Frau. Ich war zu der Überzeugung gekommen, daß Mutter recht hat. Aber wenn die Sache so liegt, wäre ich auch bereit, Dich zu heiraten. Mutter meint zwar, Du wärest doch ein sehr ein-

sichtiger Mensch, aber ich weiß ja, daß es sehr hart für Dich
allein wäre mit einem Kind.
Also gib mir Nachricht, was Du meinst.
Noch immer Dein Friedrich.«

Rosina hatte den Brief laut gelesen. Immer heißer wurde ihr von
Satz zu Satz und zornrot ihr Gesicht. Gern hätte sie ihrer Wut
Ausdrücke verliehen. Aber sie sah, wie versteinert ihr Mann
dreinblickte. Sie mußte sich unbedingt beherrschen, um sei-
netwillen. »Komm, Julius, wollen wir uns zueinander setzen.«
Der Krampf in seinen Zügen löste sich. Tränen rannen über sein
Gesicht. »Unsere arme Juliane!« Rosina schwieg. So saßen sie
noch, als die Tochter heimkam. Fürsorglich bangend schaute
sie zum Vater. Ein scheuer Blick nur streifte die Mutter. Daß die
Mutter jetzt nur um des Vaters willen alle Vorwürfe hinunter-
schluckte, das wußte sie. »Setz' dich zu uns, Julchen«, bat der
Vater. So hatte er schon ihre Hand genommen, als sie noch ein
Kind war. Ich bin nicht gänzlich allein, dachte Juliane, aber daß
der geliebte Vater durch mich diesen Kummer erleiden muß,
das trifft mich tiefer als je ein Hieb der Mutter dringen könnte.
Nach den ersten stummen Minuten begann Rosina: »Daß es mit
Friedrich und Liselotte so kommen könnte, das habe ich geahnt.
Was ich allerdings nicht erwartet habe ist, daß du dann ein Kind
haben würdest. Nein, das habe ich wirklich nicht erwartet.« Bei
dem letzten Satz hatte sie wieder ihre harte Sprache von einst.
Trotzdem faßte Juliane Mut. »Mutter, bei mir war es genau um-
gekehrt. Das Letzte, das wußte ich ja seit mehr als drei Monaten,
aber das andere, daß ich dann ohne ihn sein würde, nein, niemals
habe ich das für möglich gehalten.« Weil die Kerze gerade am
Verlöschen war, tat sie sich keinen Zwang mehr an, die Tränen
zurückzupressen. »Und was wirst du antworten?« fragte der

Vater. »Antworten? Vater, da gibt es für mich nichts zu überlegen.« »Nein, da gibt es wahrhaftig nichts zu überlegen«, bestätigte jetzt die Mutter. Im lichtlosen Raum saßen die drei.

Schließlich erhob sich Rosina. Erneut zündete sie ein Licht an. »Wißt ihr noch, wie wir in der Kriegszeit zu Hause täglich einen Psalm gelesen haben? Heute haben wir das Wort Gottes mindestens ebenso nötig, jeder von uns in seiner Weise.« Sie holte ihre viel gelesene Bibel, die den weiten Weg bis hierher mit ihnen gegangen war. Rosina las den 130. Psalm: »Aus der Tiefe rufe ich, Herr, zu dir. Herr, höre meine Stimme, daß deine Ohren merken auf die Stimme meines Flehens. So du willst, Herr, Sünden zurechnen, Herr, wer wird bestehen? Denn bei dir ist die Vergebung, daß man dich fürchte. Ich harre des Herrn. Meine Seele harret, und ich hoffe auf dein Wort. Meine Seele wartet auf den Herrn von einer Morgenwache bis zur andern. Israel, hoffe auf den Herrn, denn bei dem Herrn ist die Gnade und viel Erlösung bei ihm, und er wird Israel erlösen aus allen seinen Sünden.«

Nach Rosinas mutigem Amen kam es nacheinander von Vater und Tochter, zaghaft nur, aber doch vernehmbar, ihr Amen.

Am ersten Adventssonntag saßen die drei nebeneinander auf der Kirchenbank. Nur auf Altar und Kanzel waren ihre Augen gerichtet, so daß sie nicht einmal wußten, ob irgendwer von den Nehrings oder Stenzels im Seitengestühl saß. Am Nachmittag machte sich Juliane auf den Weg. Die Eltern fragten sie nichts. Sie vertrauten, daß Gott ihrer Juliane Kraft und Worte geben würde.

Im Gutshaus saß man am Kaffeetisch, Herr Stenzel, seine Frau, die jüngste Nehring-Tochter. Friedrich und Liselotte waren aus Stettin gekommen. Keiner von ihnen ahnte, daß es Juliane war, die an ihre Tür klopfte. Gar zu stark pochte ihr Herz. Doch als sie sah, wie erschrocken die Rittmeister-Familie bei ihrem Anblick war, wuchs ihr Mut. Friedrich war aufgesprungen. Er wollte ihr entgegenkommen. Sie aber machte eine unmißverständliche Handbewegung und sagte: »Bleib', wo du bist.« Etwa zwei Meter vor dem adventlich gedeckten Tisch blieb sie stehen. Nur bei ihren ersten Worten vibrierte ihre Stimme. Dann wirkte sie ruhig und fest. Wie oft hatte sie sich in den letzten Tagen diese Sätze zurechtgelegt. Kein überflüssiges Wort sollte ihr entschlüpfen. »Friedrich, du hast mich gebeten, dir Antwort zu geben. Ich will sie dir hier vor deiner Familie geben.« Sie machte eine Pause, dann sprach sie weiter: »Also, du bist völlig frei. Für unser Kind werde ich nicht den geringsten Anspruch an dich stellen, im Gegenteil, jede Unterstützung von seiten deiner Familie lehne ich ab. Nur ich und die Meinen werden zuständig sein für unser Kind. Mehr habe ich nicht zu sagen.« Ehe jemand etwas erwidern konnte, wendete sie sich zum Gehen. In der Tür aber drehte sie sich nochmals um. »Herr Stenzel«, (sie sagte nicht »Herr Rittmeister«, sie sagte »Herr Stenzel«), »Sie bitte ich dringend, menschlich umzugehen mit meinem Vater. Sie sind verantwortlich für ihn – vor Gott und vor den Menschen.«

Als sie wieder draußen im Freien war, atmete sie auf. »Geschafft!« Dann ging sie langsam durch das Dorf. In Gedanken hörte sie ihren Vater sagen: »Ich möchte nach Hause.« Ja, weit fort von hier. Das war jetzt auch ihr Wunsch. Doch wohin? Vielleicht können wir in Erichs Dorf ziehen? Oder zu Wilhelm oder zu Rudolph?

Aus den Fenstern schimmerte hier und da ein Lichtschein. Wie dunkel doch das Leben sein kann, dachte sie, und doch, es gibt auch Kerzen. Jetzt bloß nicht sich ins Dunkel verrennen!

*

35

Die folgenden Monate waren nicht leicht. Beharrlich blieb Rosina dabei, jeden Abend einen Abschnitt aus der Bibel zu lesen. Aus dieser Quelle wollten sie ihre Kraft schöpfen. So las sie das Wort und sagte: »Amen.« Sie konnten weitergehen.

Tatsächlich hielt Herr Stenzel sich zurück in dieser Zeit. Hin und wieder murmelte er ein paar unverständliche Sätze. In Julius Ohren klangen sie wie unterdrückter Hohn.

Frau Fricke machte öfter spitze Bemerkungen. »Erwidere dieser Frau kein einziges Wort«, riet die Mutter. »Mit solchen Menschen kann nur Gott selber reden, nicht wir.« So etwas wie Ehrfurcht vor der Mutter wuchs in Juliane in diesen Wochen.

Kurz vor der Niederkunft aber gelang es ihr dann doch nicht, sich zu beherrschen. Frau Fricke hatte in ihrer Gegenwart zu einer Kundin gestichelt: »Die ist ja so dreist, daß sie, so wie sie jetzt ist, auch noch die Kirche entweiht.« »Das fragt sich noch, wer die Kirche entweiht.« Juliane ärgerte sich über sich, daß sie zu guter Letzt doch noch versagt hatte. Als Frau Fricke mit ihrer Beschwerde bei den Krönings erschien, war Julius zum Glück nicht daheim. Rosina aber wußte, was sie sagte: »Nun, Frau Fricke, meine Tochter sieht es ein, daß sie ihnen diese Antwort nicht hätte geben sollen; und wenn Sie meine Meinung wissen wollen, so muß ich sagen, daß selbst unser Herr Jesus mit selbstgerechten Frommen nicht fertiggeworden ist. Wie sollten wir das können, die wir alle bei Gott tief in der Kreide stehen.« Seitdem überlegte Frau Fricke, was die kleine, energische Frau wohl damit gemeint haben könnte.

Im Mai, kurz nach Julianes 21. Geburtstag, kam bei den Krönings eine Eva-Maria an. Rosina konnte in ihrer eigenen Familie – nun im Pommerland – Hebamme sein. Es war das erste Mal, daß Juliane Tränen in den Augen ihrer Mutter sah.

Julius schaute nach der Kleinen so oft er nur konnte. Dann

lächelte er, und doch nahmen die Tage zu, an denen er wiederholte: »Ich möchte nach Hause.« Einmal war er sogar aufs Gemeindeamt gegangen, um einen Rückwandererantrag zu stellen. Er wollte es nicht glauben, daß in dem Land, das für ihn Heimat bedeutete, alle Besitzverhältnisse jetzt Kopf standen. Sein ›Zuhause‹ gab es nicht mehr.

Zum Tauftag der kleinen Eva-Maria waren die Brüder gekommen. Erich mit seiner Frau, Wilhelm und Rudolph. »Ich hab' viel nachgedacht«, begann die Mutter, »ich meine, hier werden wir nicht zur Ruhe kommen. Habt also die Augen offen, ob es vielleicht in eurer Umgebung Arbeit und Wohnung für uns gibt.« Erichs Frau sah frostig drein, darum schaltete er sich ein. »Bei uns kaum. Schwiegervater ist sehr auf seine Ehre bedacht.« Rosinas Blick ließ ihn verstummen. Wilhelm und Rudolph bemühten sich, den Mißklang zu verwischen. Sie konnten den alten Bauer mit seiner »ergeizten Ehre« – wie sie es nannten – nicht verknusen. »Unser Doktor kennt sich in sämtlichen Dörfern gut aus. Vielleicht wird er eine Bleibe für euch finden.«

Er fand sie auch. Noch vor dem Herbst sollte der Umzug vonstatten gehen. Doch da geschah etwas, das alle Dorfbewohner tagelang beschäftigte. Das kam so: Eines Tages kam Julius schon nachmittags heim. Wie immer, wenn ihn etwas bedrückte, stützte er seinen Kopf in beide Hände und sprach kein Wort. »Julius, so sprich doch! Hat man dich weggeschickt?« Stockend kam es dann. »Stenzel hat mich geschlagen.«

Er weinte. Nach und nach erzählte er den Hergang. Wie er sich seit Wochen vor dem Rittmeister zu fürchten begonnen hatte. Darum habe er dann alles genauso gemacht, wie der es wünschte. Heute nun sei er allein beim Saatgut gewesen. Er habe gerade an sein altes Zuhause gedacht, an sein eigenes Korn, den Verwalter habe er nicht kommen gehört. Da habe ihn dieser angeschrieen: »Hat er Spatzen unter der Mütze?« Als er sich erschrocken umgedreht habe, hätte der die Peitsche gezogen. Das Leder sei auf seinen Rücken niedergesaust. »Warum läßt Gott das zu, daß er es so weit treiben darf, der Gauner?« Rosina war bleich geworden. Um ihres armen, gedemütigten Mannes willen mußte sie Ruhe bewahren. »Julius, sieh', Gott hat es sogar zugelassen, daß sein eigener Sohn ausgepeitscht wurde. Der jedenfalls ist auf deiner Seite.« Rosina beschloß, den Arzt aufzusuchen. Gleich morgen früh würde sie hinfahren.

Es beruhigte sie, daß Julius gegen vier Uhr aufstand – wie alle Morgen. Er verließ das Haus zur gleichen Zeit – wie alle Morgen.

Rudolphs Chef, Dr. Heinze, zeigte viel Verständnis. Er wollte alles tun und in die Wege leiten, um zu helfen. Am Spätnachmittag kehrte sie heim. Mit Juliane wartete sie auf ihren Mann. Unruhig wurde sie erst, als es zu dunkeln begann und Julius immer noch auf sich warten ließ. Da zog sie sich an. Vor der Haustür traf sie den Nachbarn. »Frau Kröning, wir haben heute ihren Mann vermißt. Ist er krank?« Rosina durchfuhr es bis in Mark und Bein. Sie lief dem Gutshof zu. Vor den Ställen traf sie den Schweizer. Der hatte Julius in der Frühe gesehen. Er sei in die andere Richtung gegangen. »Ich gehe auf meinen Acker«, habe er gesagt. Rosina machte sich schwere Vorwürfe. Warum habe ich ihn nicht gleich mitgenommen zu Dr. Heinze? Ich habe es doch gewußt, daß nicht nur seine Seele tödlich verletzt ist. Er ist krank, sehr krank. An meinem liebsten Menschen bin ich schuldig geworden. Nein, jetzt auf keinen Fall zum Rittmeister!

Mutter und Tochter hatten eine schlimme Nacht. Juliane hörte die Mutter beten. »... ich hab' es selbst verschuldet ... barmherziger Gott ... Herr Jesus Christus, laß Julius den Heimweg finden.«

Drei Tage durchsuchten Männer mit Rosina den Wald. Die Söhne wurden herbeigerufen. Sie gönnten sich keine Ruhe. »Verwirrt und verirrt«, sagte einer. »O Gott, laß uns ihn finden!« Überall hatte es sich herumgesprochen. Die ihn nicht kannten, sagten: »Ein Verrückter ist weggelaufen.« »Seine Frau soll sehr hart sein, und die Tochter hat ein Kind und keinen Mann dazu.« »Bestimmt haben die ihn fertiggemacht.«

Am fünften Tage kam eine Nachricht. Etwa 25 Kilometer östlich hatten Waldarbeiter einen Mann bewußtlos aufgefunden. Völlig durchnäßt. Man hatte ihn ins Forsthaus gebracht und einen Arzt gerufen. Als Rosina nachmittags neben dem Förster am Bett ihres Mannes stand, lag er in hohem Fieber. »Meine Arbeiter meinen, er sei wie in einem Ring gelaufen, und dann der Regen ...« Tag und Nacht wachte Rosina. Wenn er doch zum Bewußtsein käme! »Mein Gott, er war auf der Suche nach der bleibenden Stätte.«

Sie machte ihm Wadenwickel, rieb seine Brust. Sie fühlte seinen immer schwächer werdenden Puls. Sie betete laut: »Wenn der Herr die Gefangenen Zions erlösen wird, so werden wir sein wie die Träumenden.« Wie gern würde sie ihn behalten, ihren Julius. So wie er ist mit ihm leben. Ihr war, als wäre in ihrer Seele ein starker Deich gebrochen, der bisher alle Wogen zurückgedrängt hatte. Sie schämte sich ihrer Tränen nicht. »Die mit Tränen säen, werden mit Freuden ernten.« Als läge ein Lächeln auf seinem Gesicht. Seine Lippen bewegten sich. »Amen«, meinte sie gehört zu haben. Was mag er gesagt haben? ... Sie legte es sich zurecht. Ja, so könnte es geheißen haben: »Auch wenn ich umkomme, so bin ich doch zu Hause angekommen. Amen.« Rosina beugte sich über den geliebten Mann.

»Keine bleibende Stadt. – Aber doch zu Hause angekommen.«

2 Auf Hoffnung

Eva-Maria Kröning war nun vier Jahre alt. Ihre Mutter Juliane hatte im neuen Dorf Anerkennung gefunden. Gerade hatte der erste Bauer, der zugleich Bürgermeister in S. war, sie als Hausgehilfin eingestellt. Das war ein Zeichen von Vertrauen.

Wenn Juliane mit Eva-Maria an der Hand am Sonntag nachmittag dem Wäldchen zu spazierte, folgte ihr mancher Blick der Dorfburschen. »So abweisend wie sie tut, kann sie doch gar nicht sein. Wäre sie sonst zu dem Kind gekommen? Stolz ist sie, sehr stolz!«

Der Eisenbahner Oswald hielt seine männlichen Reize für unwiderstehlich. Jede Dorfschöne fühlte sich bestätigt, wenn Oswald mit ihr tanzte. Sollte ausgerechnet dieses ›Mädchen mit Kind‹ ihm abhold sein? »Da ist nur ein wohlgezielter Versuch fällig«, prahlte er.

Am kommenden Sonntag hatte er frei. Dort, wo der Feldweg die scharfe Biegung auf das Wäldchen zu machte, würde er ihr auflauern – mit dem Fahrrad, als käme er rein zufällig aus dem Dorf jenseits des Busches. Geplant, getan. Eine scheinbar ganz überraschende Begegnung. Er begann ein harmloses Gespräch über die schattigen Waldwege, über den kernigen Geruch des reifenden Korns, über die Vorzüge der Waldbeeren. An Einfällen mangelte es Oswald ebensowenig wie an Wortgewandtheit. »Es ist nicht gut, wenn Eva ohne Vater aufwächst«, hatte Rosina neulich zu Juliane gesagt. »Auch für dich ist es nicht gut.« Sie war ehrlich genug, darin der Mutter zuzustimmen. Warum sollte sie sich auf Dauer verschließen? So kam es denn, daß zur Überraschung der Dorfjugend Juliane mit Oswald auf dem Tanzboden erschien.

Die Mädchen tuschelten geringschätzig – aus Neid, versteht sich. Er aber fühlte sich als großer Mittelpunkt dieser kleinen Welt, wobei er allerdings Julianes Wachsamkeit weit unterschätzte. Ihr war sein angeberisches Gebaren nicht entgangen, auch nicht die Blicke, die er den Mädchen zuwarf. Der dorffremde Richard, der am Rande des Saales als stummer Zuschauer saß, lachte in sich hinein. Er beobachtete auch, wie dumm Oswald dreinschaute, als plötzlich nach Mitternacht sein rechter Platz leer war. Entlaufen war ihm der vermeintliche Fang. Als Rosina ihrer Tochter am nächsten Morgen in die Augen schaute, machte Juliane nur eine wegwerfende Handbewegung. »Lackaffe, der!«

Daß die Tochter langsam aber sicher einen standhaften Charakter entwickelte, das war Rosina nur recht. Daß sie aber allem, was Kirche hieß, aus dem Wege ging, das schien ihr ein bedenkliches Zeichen zu sein.

Juliane verstand Gott ganz und gar nicht. Der Liebste hatte sie zutiefst enttäuscht. Ihr geliebter Vater mußte dieses trostlose Ende finden. Wo war denn Gott? Ob es ihn überhaupt gab, an den die Mutter so fest glaubte? Auch wollte sie sich den neugierigen Blicken mancher Kirchenbesucher nicht aussetzen. Wer waren denn diese Leute? Sie wußten nicht, was es hieß, hier in einer fremden Welt seinen eigenen Weg zu suchen.

Juliane hatte einen Plan gefaßt. Sie wollte nicht unwissend bleiben, sich nicht immer nur untertänig bücken.

Der alte Dorfschullehrer war ein verständiger Mann mit

einem weisen Herzen. Einige Unterrichtsstunden hatte er ihr schon gegeben. An solchen Abenden war sie glücklich heimgekehrt. Um so mehr erschütterte der plötzliche Tod des Lehrers ihr Gemüt. Gott? Wenn er wirklich da war, warum stand er gegen sie?

Als dann im Frühjahr ein blutjunger Lehrer ins Dorf kam, schämte sie sich einzugestehen, daß sie weder die deutsche Rechtschreibung beherrschte noch eine Ahnung hatte von Bruchrechnung. Der Neue grüßte sie am Gartenzaun. »Ich habe Sie bei der Arbeit singen gehört. Vielleicht könnten Sie im Chor mitmachen?« Eine neue Tür tat sich auf. Daheim übte sie im Chorliederbuch fließend zu lesen. Nicht im Entferntesten wäre dem jungen Lehrer der Gedanke gekommen, daß Juliane Kröning nur einen einzigen Winter die Schule besucht hatte. Die Atmosphäre im Chor tat ihr wohl. »Das Singen liebt sie«, dachte der Lehrer, »aber mich scheint sie gerade nicht zu mögen.« Immer klopfte ihr das Herz ein bißchen schneller, wenn sie ihm irgendwo allein begegnete, aber sie gab sich spröde. Hatte sie nicht ihre Erfahrungen gemacht? Wenn die Erinnerungen sie überfielen, wurden ihr die Augen feucht. Bloß keine zweite Enttäuschung! Als die Emporgehobene wollte sie niemandes Frau werden. Einmal hatte der Lehrer sie gefragt: »Ihre Sprache klingt so gar nicht nach unserm Pommernland. Sie kommen wohl aus dem Baltikum oder aus Ostpreußen?« Blitzartig schoß es ihr durch den Kopf, daß einmal so ein dummes Weib gesagt hatte: »Die Leute aus Rußland haben bestimmt russisches Blut in den Adern. Richtige Deutsche sind die nicht.« Darum log sie jetzt. »Ja, aus dem deutschen Ostpreußen.« Ihr Gewissen beruhigte sie damit, daß sie ja durch Ostpreußen gekommen waren, und daß ihre Schwestern dort wohnten.

Der Großbauer Koch hatte es eilig heute. Draußen wartete

schon der Knecht mit dem Gespann. Sie wollten zum Viehhändler nach P. fahren. Hastig warf er ein paar Schriftstücke auf den Küchentisch. »Luise, lies das mal. Vielleicht kriegen wir endlich einen Schuster.« Juliane hatte längst gemerkt, daß Herr Koch alle Entscheidungen für das Dorf bei seiner Frau passieren ließ. »Der Bürgermeister ist sie, und das ist nicht einmal schlecht«, hatte Nachbar Kleinke verlauten lassen. Ja, Frau Luise wußte, was sie wollte. Sie wußte ebenso, was dem Dorf nützlich und gut war. Geschickt ging sie dabei ans Werk. Sie machte ihren Mann glauben, daß alles nur sein Verdienst sei. »Erwin, das ist dir ja mal wieder gelungen«, sagte sie, wenn sie etwas durchsetzen wollte.

Mit jenen Schriftstücken verschwand Luise nun hinein in die ›gute Stube‹, so nannte sie, was bei Juliane ›die kalte Pracht‹ hieß.

Später dann, beim Wäscheaufhängen, hörte sie Frau Koch über den Zaun rufen: »Mein Mann hat's geschafft, Frau Kleinke. Wir werden gewiß bald einen fleißigen Handwerker mehr in unserm Dorf haben.« Frau Koch verstand es, mit ihren Andeutungen die Fantasie der Dorfleute anzuregen. Am Waschtag blieb Juliane gewöhnlich bis zum späten Abend im Bauernhaus. Bei dem oft lebhaften Wortwechsel war sie stummer Zuhörer – manchmal wider Willen. Daß sie alles so mir nichts dir nichts vor mir verhandeln! In Ordnung fand sie das ganz und gar nicht. Doch andrerseits war's ein Vertrauensbeweis.

Heute gab es beim Abendessen nur ein Thema: der zukünftige Schuhmacher.

»Das Zeugnis, das ihm der Meister aus M. ausgeschrieben hat, ist großartig. Neben der Landarbeit nachts geschustert. Er macht auch Neuanfertigungen. Warum er aber der Bewerbung so einen ausführlichen Lebenslauf beigefügt hat? Drei Winter nur zur Schule gegangen. Ist das denn möglich? Na ja, ich habe meine Erkundigungen eingeholt.« Vor seiner Luise kostete Erwin Koch seine Überlegenheit aus.

»Er hat einen gescheiten Onkel in P. Gewiß hat der seine Hand im Spiel gehabt. Diese Menschen haben viel Schlimmes erlebt. Dagegen wissen wir ja nicht einmal, daß wir überhaupt Krieg hatten. Fast drei Jahre als Zivilgefangene am Asowschen Meer. Oft nur im Stall geschlafen. Keine Berufsmöglichkeit. Auf der schwierigen Reise haben sie noch ihre bettlägerige Großmutter mitgeschleppt. Wieviel Hartnäckigkeit haben diese Leute aufgebracht, um nach Deutschland zurückzukommen!«

Plötzlich schaute er auf Juliane. Schleunigst drehte er den ›Verhandlungshahn‹ ab. »Mein Schreck, das habe ich ja ganz vergessen. Wir müssen im Keller unbedingt den Pumpenhebel reparieren.«

Noch nie hatte Juliane so emsig das Geschirr gespült. Aber auch noch nie war es ihr in den Sinn gekommen, im fremden Hause etwas Unerlaubtes zu tun. Kochs waren im Keller. Das würde gewiß eine Weile dauern. Sie eilte in die ›kalte Pracht‹. Das Herz schlug ihr heftig bis zum Halse herauf. In ihren Händen zitterte der Lebenslauf des Richard Buchholz.

»Seit 1920 wohne ich in Pommern, mit meinen Eltern und drei jüngeren Geschwistern. Ich bin 1899 in Rußland geboren. Wir waren aber immer Deutsche. Mein Großvater stammte aus Dahlen in der Mark. Er war Holzkaufmann. Als er jung war, soll es Verträge zwischen Preußen und Rußland gegeben haben. Deswegen gingen deutsche Waldar-*

---

* Er sagte: »Dahlen in der Mark«. Da ich ›in der Mark‹ kein Dahlen finden konnte, meinte ich, es könne Dahlem/Berlin sein, vermute aber, daß es das jetzt sächsische Dahlen ist, das eine Zeitlang zu Preußen gehörte.

beiter nach Rußland zum Holzschlagen. Mein Großvater hat sie angeleitet. Leider sind meine Großeltern dort früh gestorben. Sumpffieber. Mein Vater, August Buchholz, blieb als Waisenkind bei den deutschen Arbeitern zurück. Später hat er ein deutsches wolynisches Mädchen geheiratet, Amalia Bachmann. Ihre Eltern waren Kolonisten. Wir wohnten dann in einem Dorf an der Straße nach Kobrin. Dort hatten wir ein kleines Grundstück. Meistens aber arbeitete Vater im Wald. Wir Kinder haben mitgeholfen, besonders im Sommer. Mit deutschen Schulen war es schlecht bestellt. Nur im Winter konnten wir in die Schule fahren, wo ein deutscher Lehrer uns Unterricht gab. Drei Winter konnten wir in die Schule fahren. Sehr gern wäre ich Lehrer geworden, aber das erlaubten unsere Verhältnisse nicht.

1915 wurden alle Deutschen aus unserer Gegend evakuiert, denn der Krieg war ausgebrochen. Mit nur wenig Gepäck mußten wir fort. Es waren Lager unter freiem Himmel. Im Ganzen waren wir neun Wochen auf der Landstraße, zu Fuß und mit Pferdewagen. Danach waren wir noch zwei Wochen mit der Bahn unterwegs. Es gab oft tagelange Fahrtpausen. Mittags bekamen wir warmes Essen, manchmal nur zweimal in der Woche. Abends kriegten wir Tee und ein Stück Brot. Ich kann noch alle Namen der Städte aufzählen, durch die wir gekommen sind. Südlich von Rosowka landeten wir schließlich, nicht weit vom Asowschen Meer. Aber 1918 wurde dort die Ukraine von deutschen Truppen besetzt. Das kam durch die Revolution. Dann stellte mein Vater einen Antrag für deutsche Rückwanderer. Er wollte nach Deutschland zurück. Er hatte es ja noch nie gesehen. So wurden wir vom Asowschen Meer bis an die Ostsee transportiert. Es war ein schweres Leben.

Wir kamen nach Westpreußen. Dort wohnten wir im Kreise Putzik. Im Herbst 1919 bekam Polen dieses Land, aber wir wollten doch nicht nach Polen, wir wollten nach Deutschland. Durch die deutsche Fürsorge gelenkt, wurden wir bis an die Oder gebracht. Zuerst lebten wir in Tantow. Mein Vater wollte immer unsere Lage verbessern. Darum sind wir in die Nähe von Stettin gezogen. Bei diesem Wanderleben habe ich beim Bauern gearbeitet. Einen Beruf konnte ich ja nie erlernen. Das hat mir immer Leid getan. Aber nun hat mir ein Schuhmachermeister geholfen. Nach Feierabend hat er mich angelernt. Er hat mir ein Zeugnis ausgestellt. Ein Verwandter hat mir erzählt, daß in Ihrem Dorf ein Schuhmacher gesucht wird. Darum möchte ich mich um diese Stelle bewerben. Sie können mir ja eine Prüfungszeit aufgeben. Gern würde ich in die leerstehende Wohnung einziehen. Ich bin jetzt 26 Jahre und noch unverheiratet.
Richard Buchholz.«

Juliane legte alles wieder so hin wie sie es vorgefunden hatte. Bei den letzten Handgriffen beeilte sie sich. Mit hochrotem Kopf und schlechtem Gewissen verließ sie das Kochsche Haus an diesem Abend.

*

Ein Jahr später. Es war Sonntag. Rosina beschäftigte sich mit ihrer Enkelin. Was war heute nur los mit dem Kind? Nichts konnte man ihr recht machen. Weder wollte sie den »Vogel-König« hören noch die »Feuerblume« anschauen. Dann brach Rosinas Strenge durch. »So, dann mußt du eben allein zu Hause bleiben. Ich gehe zu Frau Hinz. Schick nur dein Böcklein fort, ehe die Mama wiederkommt, sonst werde ich böse mit dir.«

Juliane war mit Richard zu seinen Eltern nach B. gefahren. Die Buchholzens hatten endlich ein neues Zuhause gefunden. Das Landarbeiterhaus, in dem sie Stube und Küche bewohnten, war in gutem Zustand. Jeder Arbeiter hatte etwas Gartenland zugeteilt bekommen, in dem das Gemüse prächtig gedieh. Hinter dem Weg am eingezäunten Land lag ein Kiefernwäldchen. Dieses freundliche Stückchen Erde machte es den Zugewanderten leicht, hier heimisch zu werden. August Buchholz war ein schweigsamer Mann. Sein Vollbart gab ihm das Aussehen eines Patriarchen. Was sollte er auch viel reden? Seine Amalie tat es zur Genüge für ihn mit. Manchmal schüttelte er den Kopf. »Wozu nur so viele Worte, Mutter.« Aus gütigen Augen lächelte er ihr zu. Kein Wunder, daß dieser Mann Julianes Herz einnahm. Immer sind es die Väter, die es mir angetan haben, dachte sie. Richards Mutter schien ihr zwar zu lebhaft, aber unsympathisch war sie ihr auch nicht. Das also waren Richards Eltern.

Nach Meinung der Eltern wurde es höchste Zeit für ihn, ans Heiraten zu denken. Julianes Wangen färbten sich, wie Königsäpfel es tun, ehe sie gepflückt werden. »Ist es Ihnen denn auch recht, daß Richard ein Kind mitheiratet?« August Buchholz tat einen kräftigen Zug aus seiner Tabakspfeife. »Das Kind ist ebenso unsere Enkelin, wie Ihr unsere Schwiegertochter seid.« »Die Mädchen, die die Kinder kriegen, sind oft besser als die, die sie nicht kriegen«, pflichtete die Mutter bei. Wieder zog der Vater an seiner Pfeife. »Und geht Ihr denn auch in die Kirche?« Etwas betreten schauten die Kinder zu Boden. Juliane war froh, daß Frau Amalie ihnen zu Hilfe kam. »Mir ist's gleich, ob Ihr geht oder nicht. Ich gehe nie in die Kirche. Vater geht für mich mit.« Als Vater und Sohn noch einige Worte miteinander wechselten, nahm Frau Amalie Juliane beiseite. »Der Richard ist nicht schlecht. Fleißig ist er, solide – und wenn er mal seine Touren kriegt, kommt zu uns damit.«

Fragen konnte Juliane nichts mehr. Vater und Sohn traten zu den Frauen. Die Zeit drängte zum Aufbruch. So heiter hatte Juliane Richard noch nie gesehen. Heute strahlte er aus seinen tiefblauen Augen. Für Richard war die Zustimmung der Eltern das Wichtigste, was er sich denken konnte. Sie standen für ihn über allen Autoritäten. Wenn sie für diese Heirat waren – trotz des Kindes – dann war ja alles gut.

»... wenn er seine Touren kriegt ...« Was für Touren können das schon sein bei einem Menschen, der aus diesen Augen lacht? Der Fußweg ins Dorf wurde direkt lustig. Ab und zu machte Richard einen Freudensprung. Dann wieder hielten sie sich an den Händen. Jetzt kollerte er sich der Länge lang durchs Gras wie ein Zirkusclown. Hatte sie jemals so unbeschwert gelacht? Im Dorf gingen sie gesittet und brav auf das Häuschen zu, in dem sicherlich Rosina mit Eva schon wartete.

An der Gartenpforte fielen ihre Blicke auf den Sandweg vor der frischgestrichenen, dunkelgrünen Haustür. »Was ist denn hier los?« Meine fromme Mutter wird doch am heiligen Sonntag keinen Hausputz veranstalten? Vor der Tür lagen Julianes Schuhe durcheinander, von den alten Hauspantoffeln bis zu den neuen Winterschuhen. »Was das wohl heißen soll?« Um einen schmalen Spalt öffnete sich die Tür. Ein rotblau geblümtes Kleidchen wurde sichtbar. Schwarzbraune Mädchenzöpfe fielen nach vorn über zierliche Kinderschultern. Das Köpfchen gesenkt – wie zum Stoß bereit. Ein hochtönendes Kinderstimmchen brachte des Rätsels Lösung. »Da hast du deine Schuhe, Mama! Geh' hin zu deinem Richard!« Juliane sah auf Richard. Der aber lachte wie ein übermütiger Knabe. »Gar kein übler Gedanke. Ich nehme sie am besten alle gleich mit. Barfuß wirst du mir bestimmt nicht davonlaufen.« Er griff nach den Winterschuhen, klemmte sie unter den Arm und ging davon. Noch einmal drehte er sich um. Abwechselnd warf er mal den linken dann den rechten Schuh in die Luft wie ein Jongleur Bälle wirft in der Manege. Nun, solche ›Touren‹ jedenfalls nehmen dem Widerwärtigen den bitteren Kern, sagte sich Juliane. Eva, die kleine Protestantin, überließ sie einstweilen ihren eigenen ›Touren‹.

Auf dem Weg von Frau Hinz überlegte Rosina, wie sie sich nach dem soeben Gehörten verhalten sollte. Sollte sie es der Tochter sagen? Sollte sie besser schweigen? Bei ihrer Juliane konnte man nie wissen ... Vielleicht ist es auch bloß Getratsch. Jeder hat noch ein bißchen dazu gemacht, und außerdem, wenn so ein Bulle wild wird, welcher Mann flucht da nicht? Das muß doch nicht gleich ›Jähzorn‹ heißen. »Herr Jesus, wie mach’ ich’s denn nun richtig?«

Eva schlief noch nicht. Juliane stand über ihr Kind gebeugt. Hier fand anscheinend ein wichtiges Gespräch statt, »ich bleib bei Oma. Oma hat mich lieb. Aber du, du gehst zu deinem Richard.« »Evchen, ich bin doch deine Mama, und ich hab dich lieb. Der Richard, der ist nun bald dein Papa.« »Der ist mein Papa?« »Sieh’, alle Kinder haben einen Papa. Warum willst du denn keinen?« Die Problemfältchen auf der Stirn des Kindes glätteten sich. »Oma, da bist du ja endlich! Brauchen alle Kinder einen Papa?« Nun mußte Rosina doch lächeln. »Eva, jeder Mensch braucht einen Vater. Das hat unser Herrgott so eingerichtet. Nun schlaf du nur. Wirst sehen, ’s wird schon alles gut werden.« So tröstete sie ihre Enkelin. Im Grunde aber sprach sie diese Hoffnung sich selber zu.

Die beiden Kröning-Frauen saßen einander gegenüber in der Küche. Unterwegs noch hatte Juliane bei sich selbst beschlossen, offenherzig zu der Mutter zu sein. Wie kam es nur, daß sie jetzt wieder diese Wand zwischen ihnen so stark spürte? Manchmal war die Wand schon löcherig gewesen. Man konnte hindurchlugen zum anderen. Manchmal schien sie dünn und hellhörig. Dann kamen sie einander näher. Heute an diesem glücklichen Tag dürfte es überhaupt keine trennenden Wände geben. »Mutter, die Buchholzens sind gut. Ganz wie die Unseren. Dem Aufgebot steht nichts mehr im Wege.« Warum nur blieb die Mutter so einsilbig? Sie sollte sich doch freuen. Im Innersten wartete sie doch darauf, Juliane unter der Haube zu wissen. Ob der Gedanke an die Umsiedlung sie so wortkarg macht? Endlich brachte sie heraus: »Na ja, ich wünsch' dir eine gute Ehe. Beten werd' ich für euch.« Das war alles? Schade!

Juliane konnte nicht gleich einschlafen. Gespannt lauschte sie, ob sie dem Flüstergebet der Mutter einen Sinn entnehmen könnte. Aber es war nicht zu verstehen, was sie da so inbrünstig ihrem Herrn vortrug. Nur zwischendurch wiederholte sie, wie sonst auch, jenes Stoßgebet: »Herr Jesus, erbarme dich unser.«

Juliane dreht sich zur Wand. Was soll's? Gebete sind für Gottes Herz bestimmt, – nicht für Menschenohren.

*

Erwartungsvoll blickte Juliane auf die Hintertür des Hauses. Jetzt wird er mich vermissen. Er wird mich suchen. Hier zwischen Hof und Wiese kann er mich leicht finden. Dann wird er sagen: »Verzeih mir, ich hab' mich hinreißen lassen. Das kam, weil ...« Ja, so wird es werden, und das Band zwischen ihnen wird inniger werden als zuvor. Doch die Tür blieb verschlossen. Nichts bewegte sich, gar nichts.

Richard saß unter den wenigen Hochzeitsgästen. Man trank einander zu. Alkohol war für ihn ungewohnt, doch ausschließen wollte er sich nicht. Das konnte er als Bräutigam an diesem Tage nun wirklich nicht, und so stieß er mit den Geschwistern an ans Gläschen, während seine Braut, die nun seine ihm angetraute Frau war, draußen allein spazierte mit ganz bestimmten Erwartungen und Hoffnungsträumen. Da öffnete sich die Tür. Doch es war nicht Richard, der heraustrat. Evchen kam gesprungen. »Sie sind lustig da drinnen.« »Lustig?« Ungläubig wiederholte sie die Frage. »Mama, du bist hübsch in dem Prinzessinnenkleid.« Eva streichelte den rosa Taft des Hochzeitskleides. »Prinzessinnenkleid«, bisher der einzige Glanz dieses Tages. Um des Kindes willen muß ich jetzt die trüben Gedanken verscheuchen. Ich muß. Ich muß. »Eva, komm', ab heute sagen wir beide ›Papa‹ zu dem Richard. Dann wird er sich freuen. Wollen wir's mal üben? Paß auf. Erst ich, dann du. Also: Richard ist jetzt unser Papa. Papa kann schnell laufen. Papa ist gesund. Papa ist fleißig. Papa ist … ja, was noch?« Das Kind lachte. Ihr gefiel das Spiel. »Papa macht schöne Schuhe. Papa schippt im Garten. Papas Opa hat'n langen Bart. Du, Mama, der Opa ist lieb.« Ungezählte weiß-gelbe Blüten leuchteten auf der Wiese. Alle hielten sie ihr Gesichtchen in die Sonne. »Komm, Mama, wir pflücken Gänsesternchen.«

Während Juliane ihrem Kind ins dunkle Haar ein Kränzel wand, liefen ihr die Gedanken davon, zurück in die Amtsstube von Pastor Herzog. Hier in S. gab es eine schöne Dorfkirche, aber das Pfarrhaus stand in G. Sonntäglich holte ein Bauer Pastor Herzog im Kutschwagen aus dem fünf Kilometer entfernt liegenden Pfarrdorf.

Wieder kam ihr ein bitterer Geschmack auf die Zunge. »Es ist ihnen wohl klar, daß die Trauung nur sang- und klanglos vonstatten gehen kann.« Richard hatte zustimmend genickt. Doch seine Augen verloren ihren Glanz. An seiner Schläfe trat eine Ader hervor. Juliane sah es von der Seite. In diesen Sekunden schossen ihr merkwürdige Gedanken durch den Kopf, ›aufsässige Gedanken‹, würde die Mutter sagen. »Da reden sie von Vergebung, doch dann sang- und klanglos.« Ob Friedrich Nehrings Trauung auch sang- und klanglos war? Warum werden immer die Frauen bestraft. Warum nicht die Männer? Ob andere Frauen wohl auch im Geheimen solche Gedanken haben? Aber das ist auch wahr, ihr Richard jedenfalls, der hatte volles Geläut und brausenden Orgelklang verdient. Auf dem Heimweg schwiegen sie. Was mag Richard denken? Juliane scheute sich, ihn zu fragen. Ein Schatten lag zwischen ihnen.

Gestern – am Vortag der ›sang- und klanglosen‹ Trauung – waren sie miteinander in den Wald gezogen. Das Hochzeitshaus sollte wenigstens geschmückt werden, ebenso die Tür des Hauses, in dem Richards enge Wohnung lag, die sie nun teilen wollten.

Unter Baumkronen durchs Gras zu streifen, das liebte Juliane. Das gab ihr so ein heimisches Gefühl. Die Enge sprang auf und lichte Weiten öffneten sich. Richard war wortkarg geblieben, er war wie abwesend. Sie drang nicht in ihn. Zärtlich streichelte sie die Lärchenzweige. Nadeln sollten diese Sprießer wirklich nicht heißen. Sie sah hinauf, wo in luftiger Höhe die Zweige federten. Sie hatten sich dem Zugriff der Menschen entzogen. Neben ihr aber reichte eine Birke ihre Arme tief hinab, als würde sie sagen: »Nehmt uns mit in das Haus, das ihr euch bauen wollt.« Warum nur kletterte Richard auf den nächsten Baum, in einem Tempo, das weder zu dieser Stunde noch zu diesem Anlaß paßte? Wollte er wieder seine Zirkuskünste vorführen? »Warum auf die Bäume steigen, sieh' die Zweige hängen tief«, rief sie gerade, als es laut »Knack« machte und nochmals »knack, knack, knack«. Die Beine in die Luft gespreizt lag er im Laub der vergangenen Jahre. Ein Bild für die Götter. Sie konnte das Lachen nicht zurückhalten. Urkomisch sah es aus, wie die abgebrochenen Äste ihn zudeckten. Doch dann trat sie zu ihm: »Hast du dir etwas getan? Tut es weh?« Er schüttelte Laub und Zweige ab und sprang auf seine Füße. Erschrocken wich Juliane zurück vor der geballten Faust. Bis in Mark und Bein durchfuhren sie die Flüche des Mannes, dem sie morgen für ihr ganzes Leben angetraut werden sollte. »Du bist an allem Schuld!« Nur diese Anklage blieb haften in ihr und der maßlose Schrecken.

Sie ordnete die Zweige. Sie weinte. Diesen Mann wollte sie heiraten? Wenn sie jetzt die Hochzeit verschieben würde, alle würden sie für verrückt halten. Wenn es jetzt doch wenigstens einen Menschen gäbe, zu dem sie fliehen könnte. Aber sie wußte keinen. Ratlosigkeit erfüllte sie. Richard sprach kein Wort mehr, und doch ging er neben ihr.

Am Hoftor empfing sie der Opa mit dem Bart. Richard wandte sich ab und hastete ins Haus. Der Schwiegervater aber sah ihr so vertrauensvoll in die Augen, daß sie es nicht vermochte, diesen Mann zu bekümmern. So sagte sie nichts. Sie sind froh in meiner Familie, daß ich ›an den Mann‹ komme, dachte sie. Niemand merkt es, wie es in mir aussieht.

An diesem ›Polterabend‹ trank man munter drauf los. Keiner nahm wahr, daß das Brautpaar sich nicht in die Augen sah. Die Gäste sangen frohe Lieder. Und Richard? Was mag nur in ihm vorgehen? Geschlafen hat sie wenig in dieser Nacht. Um des Kindes willen. Um der Familie willen. Ich kann nicht mehr zurück. Ich will auf Hoffnung setzen. Mit diesem Entschluß begann Julianes Hochzeitstag.

Ihr Mädchentraum war ausgeträumt. Was für Märchen hatte sie sich in Wolynien und dann im Oderland zusammengesponnen über einen solchen Tag in ihrem Leben. Nun war ausgeträumt. Heute früh hatte sie das Standesamt vorbeipassieren lassen. Was ist das für ein Mensch neben mir? Ob er sich schämt? Ob's ihn reut? Ob Stolz ihn das Wort nicht finden läßt?

Er sprach das Jawort vor dem Altar Gottes. Nichts war seiner Stimme abzuspüren. Nach ihrem zaghaften »Ja« betonte sie den andern Teil des Satzes, der doch wohl sagen will, daß man sich nicht auf Biegen und Brechen sicher ist. »Mit Gottes Hilfe!« Wer denn sonst als Gott wüßte in diesem Augenblick, daß sie Hilfe braucht? Möge es IHN geben, diesen Gott.

Hier stand sie nun am Wiesenrand mit ihrem Kinde. Eine unbeachtete, einsame Frau.

Nein, er kommt mir keinen Schritt entgegen. Die Zeit der Illusionen ist vorbei. Sollte das mein Leben sein, daß immer ich den ersten Schritt tun muß? A habe ich gesagt. Nun will ich B sagen. Wie viele Buchstaben werden ihm noch folgen müssen? Werde ich je bei dem Z dieser Ehe ankommen?

»Komm', Evchen, wir beide, wir gehen nun hinein zu den anderen. Wir beide sagen nun ›Papa‹.«

3 Von B bis Z

1974

Ein warmes Geläut von Kirchenglocken lag über der kleinen
Stadt. Erlebnishungrige Rentner, schaulustige Einkäufer säumten die Nordseite des Marktplatzes. Man war da, wo es etwas zu
sehen gab.

Eine stattliche, bunte Hochzeitsgesellschaft stand Spalier
vor der mehr als 700 Jahre alten Stadtkirche. Drinnen waren die
Orgelregister bereits gezogen. Dem letzten anfahrenden Auto
entstieg ein feierlich dunkel gekleidetes Paar mit Krone und
Sträußchen in Gold. Die Mitte ihrer siebziger Jahre mochten die
Eheleute überschritten haben. Vielleicht waren sie eben so alt
wie unser Jahrhundert? Die kleine Goldenbraut hängte sich stolz
ein in den Arm des kränklich scheinenden Mannes. »Nur wegen dieser Feier ist er aus dem Krankenhaus entlassen worden.«
»Nach ihrer komplizierten Gallenoperation geht sie wieder
selbstbewußt daher.« So hörte man die Zuschauer sagen. »Die
goldene Trauung hat sie bestellt. Volles Geläut. Orgel, Kerzen –
und viele Blumen.« »Bis hierher hat mich Gott gebracht«, auch
dieses Lied hat sie gewünscht. War das nun Ironie? Oder war es
ein dankbares Aufatmen, wenn man nach fast verlorener Balance
wieder Boden unter den Füßen spürt? Was wußte man schon
voneinander? Jedem der Kinder des Jubelpaares kam heute ein

anderes Erlebnis ins Gedächtnis, eins, das sie irgendwann einmal bis in Mark und Bein erschreckt hatte. Ihr Herz schlug für die Mutter. Der Vater war ihnen fremd geblieben. »Niemals eine solche Ehe!« Das hatte die Jüngste schon als ganz junges Mädchen gedacht.

Wie konnte die Mutter jetzt nur so bejahend den Arm des Mannes halten und daherschreiten, als fände heute die Krönung ihres Lebens statt? Sie konnte es nicht verstehen. Doch am Abend dieses Tages mußte sie zugeben, daß es ein harmonischer Tag für die Eltern war in der Schar der Verwandten, der Kinder und Enkel. Urenkel waren auch dabei.

Als die Gäste aus Ost und West abgereist waren, faßte die noch zurückbleibende Jüngste sich ein Herz. »Was hast du nur empfunden auf dem Weg zum Altar? Es sah aus, als hättet ihr fünfzig Jahre hindurch ein wirklich gemeinsames Leben gelebt.« »Genauso habe ich es gewollt. Sämtliche Glocken sollten läuten über dem Ereignis. Nun weiß ich doch, wie die Sache ausgegangen ist. An meinem ersten Hochzeitstag stand nur ein großes Fragezeichen vor mir. Es war ein dunkelgrauer Tag. Jetzt aber lief alles nach Wunsch.« »Aber dazwischen liegt doch ein halbes Jahrhundert. Hast du daran nicht gedacht?« Die Mutter sah die Tochter durchdringend an. »Doch, eben weil ich an dieses gelebte halbe Jahrhundert gedacht habe, bedeutete mir dieser Tag so viel.« Ehrfürchtig sah Renate zur Mutter hinüber. Sie wollte der Mutter kundtun, daß sie sie bewunderte. »Eine solche Ehe hätte ich nicht ausgehalten.« »Aber Kind, hast du etwa deswegen nicht geheiratet?« Renate schüttelte den Kopf. Schweigend saßen die beiden einander gegenüber. Die Mutter strickte an einem Pullover für ihren Mann. Renate klebte bunte Landschaftsbilder in ein Album.

Ganz andere Bilder stiegen auf in den Frauen, so viele, daß

das geräumige Haus sie nicht hätte fassen können. Manche davon hätten gewiß die wohltuend heimische Atmosphäre gestört.

*

Da stand die jung verheiratete Juliane vor ihrem Mann wie eine Bettlerin. »Richard, ich brauchte etwas Geld für eine größere Bratpfanne. Eine neue Kaffeekanne wäre auch nötig. Für das kalte Zimmer wäre eine warme Decke angebracht.« Als wär's erst gestern gewesen, so sah sie es nach fünfzig Jahren vor sich. Er war an das Küchenregal gestürzt. Mit einer Handbewegung stieß er die Töpfe herunter. »Immer nur willst du mehr!« Mit dem Fuß trat er auf das Geschirrtuch, das er von der Herdstange gerissen hatte. »Dir werd' ich's schon noch zeigen, willst immer nur Prinzessin spielen.« Aufgeschreckt verfolgte sie seine verzerrten Bewegungen. Doch wagte sie einzuwenden: »Aber ich arbeite doch auch und verdiene.« »Du verdienst?« schrie er. »Was du verdienst, das kriegst du.« Es war der erste Schlag ins Gesicht, der sie schmerzlich traf. »Merk dir das für alle Zeiten, einem Mann widerspricht man nicht. Einem Mann gehorcht man.« Wie erbärmlich ist dieser Mensch, dachte sie, wie schrecklich erbärmlich! Das sind ja nicht nur irgendwelche Allüren. Da war ein Loch in ihrer Seele.

Renate fiel die abgerissene Schuhsohle ein. Mit dem Schuh in der Hand kam sie aus der Schule. »Mama, bring dem Vater den Schuh.« »Aber Kind, geh doch selbst zum Papa damit.« »Nein, Mama, mach du's. Ich hab' Angst vor ihm.« Die Mutter hatte sie beiseite genommen: »Renate, bitte geh' zu ihm. Er ist doch dein Vater. Weißt du, vielleicht macht ihn das wütend, wenn er merkt, daß ihr Angst habt. Sieh, es gibt viel schlechtere Väter. Euer Vater ist nicht schlecht. Er raucht nicht. Er trinkt nicht. Er geht nicht zu anderen Frauen, und er ist sehr fleißig.« So hatte sie es immer gemacht. Vor den Kindern rollte sie seine Vorzüge auf. Ob sie sich damit selbst Mut zusprechen wollte? Gehofft hat sie bange Jahre hindurch.

Die Mutter war eine ernste Frau, ernster als alle Frauen, die Renate kannte. Darum wunderte es sie, daß sie jetzt amüsiert auflachte. »Mir fiel gerade der Maskenball ein, der vom Gesangverein. Wochenlang vorher hatte er sich darauf gefreut. Er wollte als Clown gehen. Ich schämte mich im voraus und war dann froh, daß die fiebrige Erkältung mich vor seinen Faxen bewahrte. Renate, dein Vater ist voller Widersprüche.« »Hatte er sich nicht das Kostüm selbst genäht? Aus lauter bunten Abfallstreifen? Uns tat das immer gut, wenn er sich austollen konnte. Dann brauchte ihn niemand zu fürchten.« »Aber ich konnte seine Albernheiten nicht leiden. Vielleicht hat ihn das auch manchmal zur Wut getrieben. Ach, weißt du, ich war auch Schuld daran, wenn er sich nicht beherrschen konnte. Er kam bei mir einfach nicht auf seine Kosten. Seine Spinnereien gingen mir auf die Nerven. Er ist ein ruheloser Geist – bis heute. Oft saß er auf seinem Schusterschemel über die Weltkarte gebeugt. Einmal durchkreuzte er als Seemann die Ozeane, dann wieder wollte er alle Stätten seines Lebens aufsuchen, das nächste Mal nach Amerika auswandern. Immer war er auf der Suche nach dem Glück. Dann schon lieber Clown spielen und am Ort bleiben, dachte ich. Bloß ich schämte mich, daß ausgerechnet er mein Mann war.« »Aber der Mensch muß doch auch mal aus sich heraustreten können, ich kann das verstehen, ich hab' ja heut' noch Lust, ein paar Theaterrollen auszuprobieren.« »Ja, ja, du hast so einiges von ihm geerbt, zum Glück nicht alles.« »Gott sei Dank nicht alles. Aber lustig war das mit dem Clown.«

Allen Hausbewohnern und Bekannten hatte er gesagt:

»Meine Frau ist krank. Allein kann ich nicht zum Maskenball gehen«, und so vermutete ihn dort keiner. Doch als die anderen fort waren, sprang er ausgelassen wie ein Schuljunge die Treppen rauf und runter. »Wahrscheinlich hat es ihn glücklich gemacht, daß du gesagt hast: ›Geh nur. So krank bin ich ja nun auch nicht, daß du zu Hause bleiben müßtest.‹ Ich sehe noch seine Purzelbäume auf dem Teppich, bevor er loszog.« Nachher machten seine Anekdoten die Runde im Ort. Das größte Vergnügen machte es ihm, daß ihn niemand erkannte. Der Spaß war ihm gelungen, als es bei der Demaskierung ein Staunen und Raunen gab. Da war er glücklich.

*

Zur Zeit dieses kleinen Karnevalvergnügens waren Juliane und Richard schon mehr als dreißig Jahre verheiratet. Sie wohnten in dieser mecklenburgischen Kleinstadt. 1938 hatte Richard ›einen Rappel‹, der sich hinterher als durchaus ›guter Rappel‹ erwies. Juliane wäre gern in dem sauberen pommerschen Dorf geblieben. Trotz ihrer wanderfreudigen Vorfahren gehörte sie zu den Bodenständigen. Richard hatte ein Häuschen gekauft mit Stall und Scheune, mit Garten und Ackerland, das an einen Teich grenzte. Nun waren sie unabhängig von fremden Brotherren. Bis tief in die Nächte hinein hatte er mühsam das Geld zusammengeschustert. Die Großbauern wollten Arbeitsschuhe und Reitstiefel nach Maß. So billig bekamen sie sie sonst nirgends. Richard war ein guter Handwerker, aber ein schlechter Geschäftsmann. Kein Wunder also, daß er viele Kunden hatte. Auch aus den umliegenden Dörfern kamen sie. Bald stellte er einen Gesellen ein, einen Taubstummen. Richard kam zurecht mit ihm. Seine hitzköpfigen Worte trafen fast immer nur seine Frau. Sie fütterte Schweine zum Verkauf, hielt eine Kuh, Gänse, Enten, Hühner, bearbeitete das Land, und selbstverständlich kochte und wusch sie mit für den Gesellen wie für die eigene Familie. Eva-Maria mußte den kleinen Bruder hüten, Schuhe austragen, in Haus und Hof helfen. Sie hatte viel mehr Pflichten als die Bauerntöchter. Sie empfand das als ungerecht. Geld für Wohnung und Kleidung konnte Juliane nur heimlich zurücklegen. Für die Bedürfnisse seiner Frau nach einem gemütlichen Heim hatte er kein Verständnis. Mancher Geizkragen konnte ihn übers Ohr hauen.

Der Viehhändler X. kannte sich nicht nur mit den Tieren aus. Der hatte Menschenkenntnis, besonders wenn's ums Geld ging. Siebentausend Mark sollte das Haus kosten, das er Richard anbot. Schnell war man handelseinig. Ohne Zeugen, versteht sich. Gutgläubig hatte Richard ihm tausend Mark Vorschuß in die Hand gedrückt, ohne Quittung. »Deutsche Menschen betrügen einander nicht.« So glaubte er. Doch als dann der Kauf notariell abgeschlossen werden sollte, forderte Herr X. siebentausend Mark Barzahlung. »Was? Sie wollen mir tausend Mark Anzahlung gegeben haben? Und wo ist der Beleg?« Richard hatte es die Sprache verschlagen. Die angeblich fehlenden tausend Mark, die besaß er nicht.

Juliane wußte nicht, daß ihr Mann bereits aus P. zurück war. Sie hörte heftige Axtschläge. Wie verrückt schlug er zu. Sie ging hinaus. »Aber Richard, zieh doch erst den Arbeitsanzug an.« Eva-Maria war damals zehn Jahre alt. Der Vater hatte das Beil in der Hand. Er holte zum Schlag aus, als die Mutter ihn ermahnte. Sie schrie auf. Mutter und Kind sprangen hinter die Hoflinde. Sie hielten sich umklammert. In dem Baum steckte die Axt. Zitternd liefen sie ins Haus. Draußen hörten sie wütende Flüche. »Mama, ich hab' solche Angst. Er schlägt uns tot.« Wenig später stürzte Richard in die Küche   blutüberströmt. Der Stiel hatte

die Klinge von sich geschleudert. Mit dem stumpfen Teil traf
sie ihn am Hinterkopf. Juliane eilte, um das Blut abzuwischen.
Wie versteinert hielt Richard still. Dann legte er sich wortlos ins
Bett. Eva flüsterte: »Mama, hat Gott ihn gestraft?« Die Mutter
schloß ihr Kind in die Arme. Gut, daß der vierjährige Werner bei
der Nachbarin spielte. »Evchen, bitte, denk' nicht so etwas. Der
Papa, ... der Papa ... ist, er ist ein ganz armer Mensch.«

Nachdem der Arzt bestätigt hatte, daß kein schlimmer Schaden vorlag, begann Richard zu essen. Doch zwei Tage hindurch
hat er kein Wort gesprochen. Schon fürchtete Juliane eine er-
neute Entladung, als sie endlich erfuhr, was vorgefallen war.
Freilich, das war arg und gemein. Wohl jeden rechtschaffenden
Arbeiter konnte solche betrügerische Frechheit zur Weißglut
bringen. Aber daß immer sie ausbaden mußte, was andere ihm
antaten, das konnte sie nicht begreifen. »An Ort und Stelle frißt
er den berechtigten Zorn in sich hinein, und dann läßt er die an-
gestaute Wut an mir aus«, so beklagte sie es bei sich selbst, »und
warum kommt nie auch nur ein einziges Wort der Entschuldi-
gung von ihm?« Doch jetzt ging es nicht um sie, jetzt ging es um
die tausend Mark, die sie nicht hatten.

»Was meinst du, ob Jud' Markus sie dir leiht?« Da faßte
Richard Mut.

Jud Markus, das war der Lederhändler in P. Er hatte Geld
und er war menschenfreundlich. Immer fragte er nach Richards
Frau, nach den Kindern, nach der Gesundheit, und wenn er die
Dorfschuster und -sattler aufsuchte, um seine Waren zu verkaufen, so hatte er die Gewohnheit, augenzwinkernd in einen
blauen Sack zu greifen. Irgendein Spielzeug brachte er heraus.
Für die Kinder war Jud' Markus der geheimnisvolle Onkel, von
dem gewiß der Weihnachtsmann seine Überraschungen her-
holte. Nun war Jud' Markus für Richard und Juliane das Hoff-

nungslicht. Manch stolzer Deutschnationaler behauptete allerdings, der Jude sei ein Wucherer und Halsabschneider, doch was den Buchholzens von ihm widerfuhr, das hat sich in der Familie für alle Zeiten eingeprägt. Richard fuhr also wieder nach P. In den Straßen holte er weit aus im Schritt. Das tat er sonst auch, aber heute waren seine Schritte noch hastiger. Er betrat die Lederhandlung. Er zitterte, als er Herrn Markus zuflüsterte, daß er ihn allein und ungestört sprechen müsse. Der kleine Jude bat ihn freundlich ins Kontor. Richard stotterte sein Anliegen hervor. Er war sehr erregt. »Und der will ein Deutscher sein!« Jud' Markus lächelte nicht mehr. Dunkler Ernst lag in seinen Augen. So standen sich die beiden gegenüber, der deutsche Handwerker als Bittsteller vor dem jüdischen Geschäftsmann.

»Herr Buchholz, meine Frau ist arisch, ich jüdisch, wir haben eine wunderbare Ehe. Wir haben einen Sohn. Was ist er? Wir leben hier als Deutsche, die dieses Land lieben, auch seine Menschen.« »Ich bin deutschnational gesonnen«, bekannte Richard vor dem Juden. Der aber legte seine Hand auf die schmale Schulter des Schusters. »Alles gut und schön, aber es kommen bedenkliche Töne auf. Manches macht mir Sorge, was ich aus der Verwandtschaft meiner Frau so höre. Wir sind doch alle Menschen.« Damit wandte er sich zur Nebentür. »Bin gleich wieder da.« Jud' Markus kam zurück. Wieder der freundliche Handelsmann. Aus seiner Kitteltasche holte er zehn Hunderterscheine. »Hier ist das Geld, ohne Quittung; und Zeitlassen mit dem Abarbeiten, es hat viel Zeit.« Wieder das vertraute Augenzwinkern. »Ich zahl's mit guten Zinsen zurück, Herr Markus, Sie können sich drauf verlassen.« »Ich weiß, ich weiß. Zurück ja, aber Zinsen? Bittschön, tausend gegeben, tausend zurück. Nichts für ungut, und meine Empfehlung an die Frau Meisterin. Sie haben eine Prachtfrau.« So, genau so ist es gewesen. Jud' Markus, der war mehr wert als sein Gold und Geld. Gegen den deutschen >Sieger< aber hatte Richard fortan so einiges.

Juliane lebte gern in dem eigenen Haus. Es genügte ihr vollends. Nur diese unglückliche Ehe, die wollte ihr nicht genügen. Irgendein Gegengewicht mußte sie sich schaffen. Doch vorerst konnte das nur die Arbeit sein – und die Kinder, freilich. Aber wie sollte sie für die Kinder über das Allernötigste hinaus noch Zeit haben?

Sie erwartete ihr drittes Kind. Zur Geburt war Rosina gekommen. Eine fremde Hebamme ins Haus holen und die auch noch bezahlen, das hätte Richard nicht geduldet. Er hatte auch keine Versicherung abgeschlossen. Es durfte eben nichts passieren.

Juliane liebte ihre drei Kinder. Richard nahm im Grunde keine Notiz von ihnen. Was war er nur für ein Mensch? Oft war er unberechenbar. Doch darauf konnte sie sich verlassen, an dem Kind, das nicht sein eigenes war, vergriff er sich nie. Der Junge war ein pfiffiges Kerlchen. Als er sich einmal mit Alterskameraden raufte, wollte Richard auf ihn einprügeln. Juliane war dazwischengegangen. »Dann schon lieber mich. Den Jungen tastest du mir nicht an!« Richard verschwand in seiner Werkstatt. Für Werner arbeitete er ein Paar Lederstiefel. Kein Kind im Dorf hatte solche Stiefel. Werner hatte immer eine Kinderschar um sich herum. Da stand er nun in seinen Stiefeln im kleinen Teich wie ein Sieger. »Kommt doch her, wenn ihr was wollt!«

Eigentlich konnte Juliane kein drittes Kind gebrauchen. Aber es kam – ungewollt. Fragend schaute Rosina ihrer Tochter in die Augen, aber die ließ kein Wort heraus. Die Mutter fragte nichts, die Tochter sagte nichts. Rosina begnügte sich damit, daß sie ihre Juliane mit diesem Mann und den Kindern Gott anbefahl, auch die neugeborene Renate. Schon am fünften Tag nach der Entbindung war sie wieder abgefahren. In ihrer Gegenwart hatte

Richard sich erstaunlich zusammengenommen. Daß er wenig sprach, war der Mutter lieber als viel Geschwätz. Doch Eva-Maria war traurig, daß die Oma fort fuhr. »Bleib' ein tapferes Mädchen. Gewiß wirst du einmal eine besonders gute Mutter, wenn du dich jetzt schon um die Geschwister kümmerst.«

Das Mädchen lief rot an, denn innerlich grollte sie, daß ihr mit der kleinen Schwester eine neue Aufgabe ins Haus schneite.

Juliane war nicht zimperlich. Am sechsten Tag nahm sie alles wieder selbst in die Hand. Doch noch am selben Nachmittag überfiel sie ein starker Ischiasschmerz. Ein Arzt kam nicht in Frage bei solcher ›Kleinigkeit‹. Und so ging es denn ein ganzes Jahr, daß sie immer und immer wieder arg geplagt wurde von diesem Übel. Auch für Eva wurde es darum ein hartes Jahr. Die Mutter kam nicht häufig aus der Umzäunung heraus. Das beflügelte die Stimmung des Vaters auch nicht gerade. Doch es ging vorüber, dieses schmerzensreiche Jahr 1932. Danach hatte jedes Jahr seine Freuden und Leiden.

*

Zu Julianes großen Freuden gehörte, daß ihre Kinder genießen konnten, was ihr versagt geblieben war. Ihre Kinder konnten in die Schule gehen; jeden Tag – im Sommer wie im Winter. Durch ganze acht Jahre hindurch durften sie lernen, wie es anderswo aussieht, aus welchen Wurzeln sich unsere Gegenwart ergibt, wie andere Menschen ihr Leben lebten, von Dichtern und Kämpfern durften sie hören, lernen, wie man schreibt, und daß man Resultate erzielt, wenn man die richtigen Zahlen an die richtige Stelle setzt. »Lies doch laut, was du heute in der Schule gelernt hast.« Am liebsten hätte sie selbst gern neben ihren Kindern auf der Schulbank gesessen.

Beim Einkauf klagten einige Mütter, daß sie ihren Kindern oft bei den Hausaufgaben helfen müßten. Sie schüttelte den Kopf. »Was müssen diese Eltern nur für dumme Kinder haben! Ich habe meinen Kindern nie bei den Schularbeiten helfen müssen.« Sie schmunzelte. Freilich, wie hätte sie das auch tun sollen, wo sie selbst doch nur einen einzigen Winter die Schule besucht hatte?

Lehrer Schönherr lobte Eva Buchholz und später den Werner nicht minder. »Wie wär's, wenn Sie sie auf eine höhere Schule schicken würden?« »Leider, nein, das geht nicht. Mein Mann ..., wir ... nein, wir müssen die Kinder zu Hause haben.«

1936 wurde Eva aus der Schule entlassen. Werner war ins vierte Schuljahr gekommen, da tauchte der Lehrer bei den Buchholzens auf. »Sie haben so begabte Kinder. Sie würden ihnen den späteren Berufsweg leichter machen, wenn Sie in die NSDAP eintreten würden.« »Berufsweg?« fragte Richard. »Den bestimme ich. Das Mädchen wird irgendwann heiraten. Der Junge wird Schuhmacher. Da gibt's nichts zu erleichtern.« »Aber als guter Deutscher wollen Sie doch wohl auch dem Führer besser dienen.« Juliane entdeckte es sofort. An Richards Schläfe quoll diese ganz bestimmte Ader heraus. Keinesfalls sollte der Lehrer erfahren, daß ihr Mann jähzornig werden konnte, niemand im Dorf sollte das erfahren. »Ach, Herr Schönherr, ich muß Sie bitten, ... wir haben heute gerade viel vor, es paßt uns jetzt gerade nicht.« Der Lehrer ging. Das Donnerwetter blieb nicht aus. Wie konnte sie als Frau es wagen, sich einzumischen! »Dem hätte ich ja was erzählt!« »Ja, richtig, aber wie du es ihm erzählt hättest, das hätte dich um Kopf und Kragen bringen können.« Zugegeben hat er es nicht, aber vielleicht doch eingesehen?

Herr X. marschierte in SA Uniform durchs Dorf. Richard

entging es nicht, wie der aus braunen Augen das Werkstattfenster beäugte. Nein, auf der Seite von Herrn X. wollte Richard nicht stehen.

*

1933 hatte Richard beim Nachbarn Bollmann eine Hitlerrede gehört. Bollmanns besaßen ein Radio. »Du mußt den Mann reden hören! Der wird Deutschland Gutes bringen.« Aber Juliane wollte nicht. »Ich mag den nicht, weiß auch nicht warum.«

Nach und nach entdeckte Richard an den Bauern im Dorf so ein überbetontes Selbstbewußtsein. Die traten mit dem Hakenkreuz auf, als begänne die Menschheit erst bei ihnen. Als sich Herr X. zu ihnen gesellte, da hatte diese Partei bei Richard keine Chance mehr.

Keinen Pfennig Zinsen hatte Jud' Markus ihm abgenommen. In der vergangenen Woche tat er wieder einen Griff in seine blaue Wundertüte. An dieser Puppe hatten alle ihren Spaß. Die konnte sogar auf dem Hof laufen. Man mußte sie nur aufziehen, und Schritt vor Schritt ging's los. »Aber wir Menschen sind eben keine Aufziehpuppen«, sagte Juliane.

Das Jahr ging dahin. Richard schwieg, wenn einige Bauern in seiner Werkstatt große Töne spuckten. Wohl war ihm nicht dabei. »Kein Deutscher dürfte bei einem Juden kaufen!« »Ich zieh hier weg«, hatte Richard beim Mittagessen gesagt – ohne Wutausbruch.

Es war 1938. Richard kam aus P. zurück. In seinen Gedanken versunken saß er auf seinem Schemel. Juliane hatte es gelernt, ihn nichts zu fragen. Sie wartete bis er sprach. »Sie haben Jud' Markus die Scheiben eingeschlagen. Gemeine Worte haben sie ihm ans Haus geschrieben. Wir haben ausgemacht, daß er hier vor unserer Tür hält. Ich hol' mir das Leder am Auto ab. Das ist

doch alles ganz furchtbar.« Die Zornesader trat hervor.»Feige
bin ich, richtig feige!« Er warf den Leisten in die Ecke. Werner
war jetzt elf, die Kleine schon sechs Jahre alt, und die kriegte immer mehr mit als es gut ist für ein Kind. Der Vater schrie:»Diese
Halunken! Die braunen Schufte! Hitler ist ein Verbrecher!«

Juliane war froh, wenn der Alltag einigermaßen friedlich ab-
lief. Im Dorf wahrte sie Zurückhaltung, ohne unfreundlich zu
wirken. Sie fühlte sich wohl auf dem Lande im eigenen Haus,
im Garten, mit den Tieren. Ihre Eva lernte kochen in einer an-
gesehenen Pension in P. Sie wohnte bei Julianes Cousine. Dem
Haushaltskurs folgte die Schneiderlehre. Als die 16-Jährige eines Tages ihre dicken Zöpfe mit dem sogenannten ›Bubikopf‹
vertauschte, und als zur gleichen Zeit ein 20-jähriger Stettiner
erschien, um die Eltern zu fragen, ob er ihrer Tochter schreiben
dürfe, da geriet Richards Fassung denn wieder aus den Fugen.
»Laß ihn schreiben. Vom Briefeschreiben kann doch nichts passieren.« Juliane vermittelte, doch bekam sie ihren ersten Gallen-
anfall. Werner war in der Schule. Die Kleine kroch unter das Bett
der Mutter, als der Vater die Schlafstube betrat. Der junge Mann
aber schrieb. Juliane war dessen zufrieden, denn sie war es, die
der Tochter den Eintritt in den ›Bund deutscher Mädel‹ nicht
erlaubt hatte. Eva sah das nicht ein. Die eigene Mutter isolierte
sie damit von der Dorfjugend. Waren das nicht dieselben Cha-
rakterzüge, die sie an ihrer Mutter Rosina so gefürchtet hatte?
Nun also brachte der Stettiner einen Ausgleich. Ob Eva vielleicht
in Stettin ihr Glück findet, das Glück, das sich ihr selbst verwei-
gert hatte? Heute genügte ihr dieses Dorf. Doch Richard wurde
ständig ruheloser. Daran konnte die offizielle Genehmigung zum
Schuhhandel auch nichts ändern. Angespannt studierte er die
Annoncen des Schuhgewerbes.

An einem Sommersonntag wanderte Juliane gegen Abend mit

beiden Kindern in Richtung K. Dort hatte Richard sein Fahrrad abgestellt. Von hier aus war er in den Zug gestiegen. An diesem Sonntag sollte die Entscheidung fallen, eine Entscheidung, die wieder einmal über Julianes Leben bestimmte. Als Richard aus dem Zug stieg, winkte er ihr zu. Das hieß also Aufbruch.

*

Voll beladen stand der Möbelwagen vor der Tür. Der Fahrer würde hupen, sobald der kleine Motorschaden repariert sein würde. Richard ließ den Mann nicht aus den Augen. Auch Werner beobachtete jeden Handgriff.

Juliane nahm Abschied. Noch einmal ging sie über den Hof. Das Vieh hatten sie geschlachtet und verkauft. Der Stall erwartete neue Bewohner. Ihr Blick schweifte durch die hohe Scheune mit dem aufgeschichteten Heu. Der nächste Besitzer würde keinen Mangel haben an Winterfutter für die Tiere. Im Garten strich sie über die noch jungen Johannisbeersträucher. Bei den Dahlien blieb sie stehen, denn Renate war ihr den Buchsbaumweg gefolgt. Erst jetzt bemerkte sie das Kind. »Komm, wir schauen noch einmal über den Teich, und im Haus sagen wir dann auch noch Lebewohl.«

Die leeren Räume wirkten kühl. Sieben kostbare Lebensjahre umschließen hier die Wände. Enttäuschungen bergen sie. Hoffen und Zweifeln, Verstummen und erneutes Hoffen. »Lebt wohl, ihr Räume, und schweigt über das, was ihr Ungutes gesehen.« Wie hatte sie es nur fertiggebracht, ihre seelischen Erschütterungen in sich selbst zu verschließen? Als er einmal wieder gewütet hatte, hatte sie gerufen: »Ich fahre sofort zu deinen Eltern. Ich werde ihnen erzählen, was für einen Sohn sie haben.« Da hatte sie Ruhe. Doch ein zweites Mal wagte sie eine solche Drohung nicht. Er wußte wohl, daß sie es nicht wahrmachen würde. Den Kummer wollte sie dem verehrten Schwiegervater ersparen. Nein, sie konnte nicht sprechen. Dieses lastende Geheimnis wollte sie niemandem preisgeben.

Draußen hupte es. »Mama, fahren wir jetzt zu der Burg?« »Ja, wir fahren. Dort wird alles ganz anders sein als hier. Du wirst in eine große Schule gehen, und eine Burg gibt's dort auch.«

1938

Noch war sie keine vierzig Jahre alt. Gesund war sie. Ab und zu nur drohte der Ischias. Manchmal streikte die Galle. Juliane konnte arbeiten. Wie es schien, ging ihr vieles schneller von der Hand als anderen Frauen.

»Schlaflose Nächte hat es mich gekostet«, sagte sie später. »Was habe ich mir nur zugetraut! Ein eigenes Schuhgeschäft!«

Richards Werkstatt lag separat. Man mußte über den Hof gehen, wenn man zu ihm wollte. Den Lohn für die Gesellen, den mochte er nur selbst errechnen. Immer noch zu seinen Ungunsten rechnete er. Ihr blieben die Geschäftskasse und der Umgang mit Kunden und Vertretern. Daß sie sich so gut anpassen konnte, überraschte sie selbst. Lernbereit war sie mit großer Intensität. Aber ohne ihre Eva-Maria hätte sie die Buchführung nie und nimmer geschafft. Das konnte ihr einziger Schulwinter nun wirklich nicht leisten. Nach abgeschlossener Lehre in P. nähte Eva in Stettin. Dort wohnte Richards Schwester. Sie war kinderlos und hätte Eva am liebsten für immer bei sich behalten. Doch die wurde nun dringend zu Hause gebraucht. Um die eigene Dachkammer für die Tochter hatte Juliane mit der Hauswirtin gekämpft. Es blieb nicht der einzige Kampf mit dieser Frau.

71

Von der oberen Etage her war ihr Argusauge auf die Mieter gerichtet. Auf Cosisohlen rauschte sie die Treppe herab, wenn jener bestimmte Vertreter erschien. Ungebeten stand sie neben Juliane und mischte sich in den Handel, um danach mit dem Herren auszufahren. Sie fühlte sich als ›Dame von Welt‹, die mit aufgenommenen Hypotheken auf großem Fuße lebte. Die Buchholzens kamen ›vom Lande‹. Da müßte doch bei ihnen etwas herauszuschlagen sein. »Ich habe ja gar nicht verkauft, es ist nur verpachtet«, meinte Eva gehört zu haben. Aber das konnte doch wohl nicht wahr sein.

Ihre eigenen Schuhe wie die ihrer Verwandten brachte sie zur Reparatur nie zu Juliane in den Laden. Als die ›Ehemalige‹ hatte sie eben Sonderrechte. Wenn Richard nach Feierabend in der Hofwerkstatt hämmerte, dann erschien die Witwe Biber, als wolle sie seine Ratschläge einholen ihre Schulden betreffend. »Wie handhaben Sie es eigentlich mit Schriftstücken?« Richard hatte sich nie um die Verkaufsakten geschert. Unbedacht warf er hin: »Ach was, zum Arbeiten sind gesunde Hände und Füße wichtig. Wozu Papiere horten? Den Kram verbrennt eines Tages sowieso der Krieg.« Die Witwe Biber war angeblich derselben Meinung. Befriedigt ging sie davon.

Gleich nach Kriegsausbruch waren Richards Gesellen eingezogen worden. Er blieb allein zurück. Bei der Musterung trug der Augenschein zu seinen Gunsten. Er wirkte zerbrechlich, wie zum Umpusten sah er aus. Darum bevorzugte man seine jüngeren Kollegen als Soldaten. Wieder arbeitete er bis tief in die Nacht hinein, bis ihm schließlich zwei polnische Zivilgefangene als Gehilfen anvertraut wurden. Sie hatten es gut getroffen bei den Buchholzens. Sie waren keine Braunhemden, und sie hatten Verständnis für Menschen, die aus dem Osten kamen. Jannosch und Philipp wußten das zu schätzen. Zwar war der Meister ihnen manchmal wohl unheimlich in seiner unberechenbaren Art, aber um so mehr Vertrauen brachten sie der Meisterin entgegen, und Eva verehrten sie.

Juliane kochte nicht in getrennten Töpfen. »Seid gastfrei«, das hatte sie mitgebracht aus der wolynischen Heimat.

Eines Tages blieb Richard nach dem Abendbrot am Tisch sitzen.

Seine Gewohnheit war das nicht. Er lachte. »Denk' dir, Muttchen, die Frau Biber ...«, er lachte, »die ist aber davongerauscht ... wie eine Hirschkuh.« »Wie eine Hirschkuh? Im Bösen? Das könnte für uns Folgen haben, du Argloser.« »Nein«, triumphierte er, »das war ja ganz anders. Denk' dir bloß, sie hat mir heute ein besonderes Angebot gemacht, ein ganz weibliches Angebot.« Juliane stellte die Teekanne beiseite. Sie schüttelte den Kopf. »Diese Matrone? Dir Hänfling?« Sie zuckte zusammen. Hatte sie jetzt seine Ehre verletzt? Dann Gnade ihr Gott! Doch im Vollbewußtsein seiner Attraktivität für die ›Dame von Welt‹ hatte er Julianes Bemerkung überhört. »Zuerst habe ich gelacht. Dann hab' ich gesagt: ›Frau Biber, falls Sie es noch nicht gewußt haben, ich bin verheiratet.‹ Ihre Kehrtwendung hättest du bloß sehen sollen. Die bringt mir vorerst keine Schuhschnalle mehr in die Werkstatt.«

Beide – Richard und Juliane – hatten ein starkes Freiheitsbewußtsein. Beide waren lieber Eigentümer als Mieter. So kam es ihnen wie gerufen, daß Schneider Wittig aus Altersgründen sein verschuldetes Haus verkaufen wollte. »Wäre das nicht etwas für uns? Günstige Lage fürs Geschäft. Ein großer Garten am Hang, total verwildert zwar, aber Urbarmachen, das liegt uns doch.« Juliane verhandelte mit den Wittigs. Sie ging Behördenwege. Doch Frau Biber hatte Wind davon bekommen. Untätig blieb sie jedenfalls nicht. Der Tanz begann.

Der Ortsgruppenleiter erschien. Derselbe, der – zusammen mit einem HJ-Führer – Werners Aufnahme in die Lehrerbildungsanstalt vereitelt hatte, obgleich der Klassenlehrer ihm bescheinigte, daß er Klassenbester sei. »Jungvolk nicht regelmäßig besucht.« Die kleine Schwester, die immer und überall mit Eifer dabei war, auch sie durfte die Schule nicht wechseln. Bei den Kindern rannen die Tränen. Sie konnten es einfach nicht begreifen. Richard war es gleichgültig, was da lief oder eben gerade nicht lief. Seiner Meinung nach hätte Werner sowieso nur einen Berufswunsch haben sollen, und Mädchen auf höheren Schulen? Mit seinen drei Schulwintern rechnete er immer noch schneller als Renate mit vier Schuljahren. »Was lernt ihr da bloß in Eurer Schule?« Für Zahlen zeigte die Kleine kein Verständnis. Juliane dachte anders über die Zukunft ihrer Kinder, doch gegen ihren Mann wollte sie nichts durchsetzen. Außerdem war Krieg, und es gab Menschen mit guter Schulbildung, die doch in ihrem Herzen so dumm schienen. »Vielleicht ist es jetzt wichtiger, daß ihr Ungerechtigkeiten tragen lernt. Wichtiger als Wissen ist das Wesen.«

In dem Ortsgruppenleiter war die Saat des Nationalsozialismus sichtlich gediehen. Er war sich seiner rassischen Qualitäten stolz bewußt. »Vor zwei Jahren hat Ihr Mann den Parteieintritt abgelehnt.« Mit Gönnermiene sah der Herr Nationalsozialist auf Juliane herab. »Aber wir sind ja nicht so. Wir werden Ihren Umzug befürworten, wenn Ihr Mann beweist, daß er ein echt deutscher Volksgenosse ist. Holen Sie ihn her. Vor den Pollacken verhandle ich nicht.« Juliane richtete ihren Blick fest in die Augen des starken Mannes. Genauso hatte sie früher den zischenden Ganter fixiert. Ohne rot zu werden, log sie: »Mein Mann ist heute zum Einkauf gefahren. Außerdem ... lassen Sie ihn bitte in Ruhe. Seine Nerven sind überstrapaziert.« Der selbstbewußte

Parteiführer drückte seine Unterlippe breit heraus, verdrehte seine rechte Hand und wies mit dem Daumen zur Tür. »Bei ihrer Hauswirtin wissen wir eindeutig, woran wir sind.«

In der folgenden Woche erhielten Buchholzens eine amtliche Vorladung. »Umzug mit Pachtgut nicht gestattet.« »Pachtgut? Wir haben doch nicht ein einziges Stück Pachtgut in unserem Inventar. Wer hat denn solche Angaben bewerkstelligt?«

Vor den Polen warf Richard plötzlich mit dem Eisenfuß nach seiner Frau. Sie war hinter die Tür gesprungen. Als Jannosch nachher das Essen holte, hatte Juliane einen hochroten Kopf – nicht nur vom Küchendampf. »Jannosch, ... der Meister ... Es sind seine Nerven.« – »Nix Nerven! Dem Meister fehlt Kloppe.«

Nun, für eine Art von ›Kloppe‹ hatte Frau Biber vorgesorgt. Mit kuriosen Behauptungen hatte sie die Buchholzens verklagt. Von solchen raffinierten Spitzfindigkeiten, die der windige Rechtsanwalt vorbrachte, hatte Richard und Juliane nie etwas geahnt, auch Eva nicht. Sie mußten sich unbedingt einen Verteidiger nehmen.

In diesen Sommerwochen gab es heiße und hitzige Tage genug in der Familie. Wenn sie sie nur gemeinsam hätten tragen können! Aber durch Richards Natur gab es immer wieder Querschüsse. Was sie nun geistig und seelisch zu bewältigen hatten, reagierten sie in harter Erdarbeit ab. Das Roden des Hanges, das Heranschaffen der Feldsteine zur Stützung des Hügellandes, das entsprach nach außen dem, was ihnen innerlich ihre Situation abverlangte. Zweimal mußte Juliane in der Achselhöhle geschnitten werden. Sie hatte sich Furunkeln eingeschaufelt.

Wie gut, daß Eva jeden Vertrag, jeden kleinen Beleg, jedes anscheinend nichtssagende Schriftstück gut verwahrt hatte. Die belegbaren Tatsachen verhalfen der Wahrheit am Ende doch zu ihrem Recht.

Als Evas Mann von der Ostfront auf Urlaub kam, wurde ihm das schwer errungene Paradies des Terrassengartens vorgeführt. Richard fuhr gewöhnlich sonntags zu Kunden über Land. Schwer schuften, das war seine Welt. Vorführen und genießen, daran lag ihm nichts. Bis heute wußte Juliane nicht, ob er überhaupt die Schönheit der Natur wahrnahm. Bei ihr war das alles anders. Ihre Arbeit war mit Zweck und Ziel verbunden, das sie beharrlich ansteuerte. Da stand sie nun mit ihren Kindern auf dem schmalen Pfad an der oberen Grenzhecke. Hier bot sich ihnen die Aussicht über das Städtchen hin bis hinauf zum Burgfried. Zur Linken säumte der Eichwaldberg das friedliche Bild. Zur Rechten war es eingefaßt vom Schäfersteig, dessen einsame Kronenkiefer das Auge anzog. Dieser einzige Baum dort ist wie eine offene Tür für die Fantasie. Darum wunderte sich Juliane überhaupt nicht, daß Werner sagte: »Die Kiefer da hinten sieht aus wie die Pinie von Neapel.« Evas Herbert schmunzelte. »Woher kennst du denn die Pinie von Neapel?«

»Das Bild ist in seinem Schulatlas. So ein schönes Bild!«, antwortete statt seiner die kleine Schwester. »Es war doch gut, daß der Papa mit uns hierher gezogen ist«, gab Juliane nun zu. »Schaut man auf die sich dort spreizende Schirmkrone, ist man nicht nur im Mecklenburger Land.«

Bald wurde es ihnen gestattet, mit Laden und Werkstatt in das eigene Haus zu ziehen. Auch für Eva fand sich ein Zimmer. Die Küche und Kammer daneben waren vorerst noch mit Gerümpel anderer Mieter bestellt, aber das würde sich gewiß eines Tages auch regeln lassen. Eva erwartete ein Kind. Die Eltern mußten bis zum Kriegsende in der bisherigen kalten Wohnung bleiben.

Die Sonntage verlebten sie nun meistens in ihrem geliebten Garten, mit seinen Gängen und Hängen, mit Hecken und

Büschen, mit Bäumen und den vielen von Juliane und Eva angepflanzten Blumen. Im ebenen Ackerland hatten sie Kartoffeln gesteckt und Gemüse gesät. Nahezu waren sie zu Selbstversorgern geworden, was sich nach dem Krieg noch sehr auszahlen sollte.

Die umliegenden Waldungen sahen sie nun weniger häufig. Bisher hatten sie es sonntags so gehalten: Richard schwang sich aufs Rad, um in die Dörfer zu fahren, Juliane packte Kaffee und Kuchen ein. Eine Wolldecke wurde unter den Arm gerollt und los ging's. Werner suchte Pilze wie sein Vater, der oft mit Pilzen und Beeren vollbeladen des Abends heimkehrte. Die Kinder kannten sich aus auf den Schleichpfaden des Waldes. Dem Plätschern des Bächleins konnten sie nicht widerstehen. Ausgelassen sprangen sie ins kalt fließende Naß. Diese Stunden in ›freier Wildbahn‹ waren glückliche Stunden. Manchmal wanderten sie bis zum sich lang hinstreckenden See mit den bewaldeten Höhenufern. Unterwegs sangen sie: »Durch Feld und Buchenhallen.« »Wie lieblich schallt's durch Busch und Wald.« Auf diese Weise bewahrten sie sich ein Stückchen Paradies mitten im Krieg. Unzählige Menschen erlitten jetzt unsagbares Elend, während hier die Kinder im Winter kühne Schlittschuhläufe auf dem dick zugefrorenen Teich wagten oder die schwungvolle Rodelbahn herunterjagten. Sie hingen sich an Pferdeschlitten, die durch den Wald klingelten. Sie tummelten sich im Schnee. Zur gleichen Zeit froren tausende und abertausende Menschen in Polen und Rußland, oder sie erfroren gar.

Vor solchen Übeln des Krieges blieben sie verschont. Richard schleppte auf dem Schlitten Holz und Reisig herbei. Der so schwach scheinende Mann entwickelte Bärenkräfte. Auf seinen Handrücken waren Frostbeulen aufgebrochen. Die Wohnung im Biberschen Haus war nur schwer zu erwärmen, aber sie waren ja immer im Arbeitstrab. So war es auszuhalten. Die vielen Menschen, die nun hungerten und froren, durchlitten andere Ängste. Das alte jüdische Ehepaar – wohl die einzigen Juden im Ort – waren plötzlich verschwunden. Mit ihrem gepflegten Pudel gehörten sie bis dahin als Spaziergänger in das Bild dieser kleinen Stadt. Sie hatten niemanden etwas zuleide getan. Gärtner Hoffmann hatte sie zum Kaffee eingeladen. Dafür wurde er aus der Partei ausgeschlossen. Man flüsterte, wenn man von den jüdischen Alten sprach. »Hitler ist ein Verbrecher!« sagte Richard, hinter verschlossenen Türen sagte er es.

Werner kam in die kaufmännische Lehre. Das hatte Juliane erreicht. Werner hatte immer Freunde um sich. Auf dem Sportplatz riefen die Jungen: »Buchholz! Buchholz!« Darum ging Renate gern zu den großen Jungen, weil dort vom sportlichen Ruhm ihres Bruders auch ein Strahl auf die kleine Schwester fiel.

In der Schule hatten sie einen Film gesehen. Der Verbrecher in diesem Film sah aus wie der Vater, ein mageres Gesicht, dünnes, dunkelblondes Haar, eine schmächtige Gestalt. Als gefährlicher Mann trieb er sich im Grenzgebiet umher und schimpfte auf Adolf Hitler. Schließlich ergriffen ihn SA-Männer. Er wurde seiner ›gerechten Strafe‹ zugeführt.

Am Abendbrottisch starrte die damals Elfjährige ihren Vater an. War der Vater etwa so ein Verbrecher? Er redete nie viel, manchmal tobte er gegen die Mutter. Wie der Mann im Film schimpfte er auf den Führer. Es konnte doch wohl nicht sein, daß Hitler der Verbrecher war. Der Vater? Oder der Führer? Jud' Markus, das jüdische Ehepaar, wo waren sie?

Dann fragte sie laut: »Was heißt das: ›Die rote Fahne wird siegen!‹?« »Bist du still! Woher hast du denn das?« In der Klasse gab es ein Mädchen, das im Armenhaus wohnte. Ihre Mutter saß im Gefängnis. Sie starb im Gefängnis, die Mutter von sechs Kindern. Sie soll zu einem fremden Mann gesagt haben: »Die rote Fahne wird siegen.« Der Mann war ein Spion. »Aber die Frieda ist nicht schlecht, bloß der Lehrer, der droht ihr immer mit dem Rohrstock – ganz ohne Grund. Das ist doch ungerecht.« »Ja, es gibt Unrecht in der Welt, auch von Lehrern.« »Und Hitler? Der meint es doch gut mit uns.« Juliane zuckte die Schulter. »Ich weiß nicht, vielleicht meint er es gut.« Richard knallte das Messer hin, sprang auf vom Tisch. Er verschwand in seiner Werkstatt.

*

Eva gebar eine Heidemarie. Werner wurde minderjährig einer militärischen Truppe eingegliedert. Eva schrieb täglich an ihren Mann. Von der Ostfront war er an die Westfront geschickt worden. Renate schrieb im Namen der Eltern fast ebenso oft an den Bruder. »Es kommt sowieso nur ein Teil der Post an«, hieß es. »Ob die beiden überhaupt noch leben?« »Ihr müßt das Pendel befragen oder die Karten«, empfahl die Flüchtlingsfrau aus dem Nachbarhaus. »Ich verstehe etwas davon.« Juliane war nicht wohl dabei, denn in Wolynien hatte einmal ihre Mutter zu einer Patientin gesagt: »Wo kein Gottesglaube ist, da zieht der Aberglaube ein. Dem lebendigen Gott wollen sich die Menschen nicht anvertrauen, aber allerlei Hokuspokus, dem liefern sie sich aus.« So weit war sie also vom wahren Glauben entfernt, daß sie abergläubische Wege suchte. Sie sorgte sich um den Sohn. Sie sorgte sich um den Schwiegersohn. Manchmal betete sie nun.

Mehr und mehr Flüchtlinge kamen aus dem Osten, viele nur auf Durchfahrt, einige blieben. Eines Tages stand der 15-jährige Sohn von Julianes Schwester vor der Tür. Sein Lehrmeister war mit Sack und Pack aus Pommern aufgebrochen, in Mecklenburg angekommen, entschied der Chef sich zur Weiterfahrt. Dietrich, sein jüngster Lehrling, aber wollte lieber bei seiner Tante bleiben. Juliane nahm ihn auf wie einen Sohn.

Kurz darauf fand Marianne aus Ostpreußen mit ihrer Tochter bei ihnen Obdach. Die Schwester war asthmatisch und herzkrank. Ihr Mann lebte nicht mehr. Zwei Söhne standen an der Front, der dritte wohnte kriegsversehrt in Hamburg. Richard erhob kein Wort des Einspruchs. »In meiner Jugend haben wir viel enger leben müssen«, sagte er nur. Erst nach drei Monaten fiel die nichtsahnende Marianne in Ohnmacht, als sie einen Zornausbruch des Hausvaters erlebte. »Mein Ewald hat mich auf Händen getragen.« Sie war eine der beiden Schwestern, die durch die Eltern verheiratet worden war. Jetzt brach sie auf nach Hamburg. Es war März 1945.

Zuvor noch trafen Evas Schwiegereltern aus Stettin ein. Nachdem sie zum zweiten Mal ausgebombt waren, machten sie sich auf den Weg zu ihrem Enkelkind. »Hätten sie nicht wenigstens anfragen können, ob wir Platz haben? Ihr Enkel liegt schließlich noch im Kinderwagen.« Juliane setzte es durch, daß Küche und Kammer neben Evas Zimmer entrümpelt wurden. »Da kann die Dora selber kochen. Auf Dauer gibt unser Haushalt das nicht her. Nun wird sie wohl Gott noch danken, daß ihr Kronsohn geheiratet hat.« Ihre Worte klangen hart, aber sie kamen aus der Vorgeschichte. Frau Dora hätte am liebsten ihre Söhne los und ledig als Korona um sich her versammelt. Manches Ärgernis hatte sie vor der Heirat in Szene gesetzt. Was läuft da nicht alles unter dem Stichwort ›Mutterliebe‹.

Juliane dachte an ihre eigene Mutter, die in Pommern geblieben war. »Mit den Russen wird sie fertig werden – wie im ersten Krieg«, tröstete sie sich. Erst drei Jahre später erfuhr sie durch einen Brief vom Schicksal ihrer Mutter und Schwester.

Dorotheas Mann war verwundet heimgekehrt. Daß die Russen ihn vor Verschleppung verschont hatten, das mochte er seiner Schwiegermutter zu verdanken haben. Ärmlich lebten sie mit ihren Kindern in ihrer alten Wohnung. Bei einem Ernteeinsatz war Dorothea vom Dreschkasten gefallen. Sie blieb gehbehindert. Rosina – nun in der Mitte ihrer siebziger Jahre, war für die Familie unentbehrlich. Dann eines Nachts. Tumult im Hof. Wollten Diebe ihre Hühner stehlen oder gar das Schwein, das sie sich mühevoll heranfütterten? Der Mann machte Licht. Er trat ans Fenster. Ein Schuß krachte durch die Scheibe. Der Mann und Vater war tot. Die beiden Frauen waren allein mit den Kindern. »Manchmal mutet Gott uns viel zu. Wir müssen es tragen«, ermutigte Rosina. Sie hatte sich bei schwerer Arbeit einen Leistenbruch zugezogen. Der verklemmte sich. Die einzige medizinische Hilfe für die zurückgebliebenen Deutschen war immer nur sie gewesen. Für sie selbst gab es keine Hilfe. Sie starb. Als Juliane den Briefbericht las, weinte sie. »Hätte ich doch ...« Ja, was hätte sie denn?

*

Wenn der Sanitäter frisches Verbandzeug und Medikamente holen ging, zweckte er ein Schild an die Tür. ›Bitte bei Buchholz warten!‹ Im April war der Ladenraum Sanitätsstelle für deutsche Soldaten geworden. Entweder war Juliane daheim oder Eva mit Heidemarie oder Renate. Ihre Schule war jetzt Lazarett.

Renate kramte in der Schuhkammer, als es an die Küchentür klopfte. Um diese Zeit bereitete die Mutter das Mittagessen.

»Ach, Sie sind's, Herr Unteroffizier. Setzen Sie sich nur. Ich mache Ihnen einen Kaffee. Echt deutsche Gerste, selbstgebrannt.« Der Unteroffizier seufzte. »O Frau!« Renate spitzte die Ohren. »Es sieht böse aus. Der Russe vor der Tür. Ich werde die schrecklichen Bilder gar nicht los. Zwischen Weichsel und Oder ...« Er machte eine Pause, dann fuhr er fort. »An den Straßenbäumen ... halbe Kinder noch ... in Uniform ... aufgehängt, ein Schild um den Hals: ›Ich habe meinen Führer verraten!‹ So was kann doch nicht gut gehen.« Es klopfte. »Pst! – Herein!« es war die Postbotin. »Na, da kann ich ja gleich mittrinken.« »Natürlich können Sie das.« Geschirr klapperte. »Haben Sie die beiden Panzersperren gesehen? Die halten was ab – und oben hinter Ihrem Garten die Schützengraben. Daraus wird's tüchtig knattern.«

Der Soldat und Juliane sahen sich vielsagend an. Sie kniff das linke Auge zu, während sie der Postfrau einschenkte. »Die vielen Trecks, die hier gestern durchgefahren sind, und die Militärwagen. Schlimme Zeiten.« Die Briefträgerin schlürfte an der deutschen Gerstenbrühe. »Der Volkssturm hat seine Anweisungen, der Wehrwolf auch. Wir müssen alles genau befolgen. Keine Bange. Wir haben ja unsere Geheimwaffe noch. Der Führer wird schon einen Ausweg wissen.« Mit solchen und ähnlichen ›Trostworten‹ ging die Führergläubige von Haus zu Haus. Nach dem Einmarsch der Sowjettruppen gehörte sie zu den mehr als achtzig Einwohnern, die sich das Leben nahmen. Sie erhängten sich oder verbluteten am Pulsaderschnitt.

Die letzten deutschen Militärautos rasten durch den Ort. Den Zurückbleibenden warfen sie aus vollen Händen Bonbon herunter. Hier würde keiner kämpfen.

Hinter den Fliederbüschen im Gartenhang hatte Richard einen Bunker gegraben. Wäsche und Kleidung lag dort eingestapelt. Für alle Fälle. Eva kroch mit Heidemarie in den unterirdischen Gang. Ob sie hier sicher waren? Juliane kam gelaufen. »Wir haben es uns anders überlegt. Wir gehen in den Wald. Dort sind wir viele, und den ganzen Wald werden sie nicht abbrennen.

Die Russen lieben doch die Wälder.« Die Kleine im Kinderwagen – vollbepackt. Ähnlich beladen schob Renate Vaters Fahrrad auf der drei Kilometer langen Chaussee. Die anderen kamen mit dem Handwagen hinterher. Wo waren die Polen? Philipp schüttelte heftig den Kopf. »Ich nix Wald! Wir ja Polen!« »Frau Meister, ich Angst vor Russen.« »Aber Jannosch, es sind doch auch Menschen.« Mit lautem, fremdartigem Gebrumm jagten Tiefflieger über die Köpfe der Menschenkarawane. Nicht mehr das Hakenkreuz prangte auf dem Metall der Luftjäger. Es war der fünfzackige Stern. Hier und da lag ein deutscher Soldat im Straßengraben. Ab und zu fiel ein Schuß.

Es wurde eine spannungsgeladene Nacht. Wie Meereswogen bei Sturmflut brandete es. Rollende Kettenpanzer, Flugzeugmotoren, Geschützeinschläge. Richard hatte Axt und Spaten mitgenommen. Er hob eine Grube aus, hackte Zweige zurecht als Dach für den provisorischen Unterstand. »So, ihr drei Jüngsten kriecht da hinein.« Heidemarie jauchzte: »Mutti – Betti!« Sie durfte mit der Mutter im selben Bett schlafen. Die Erwachsenen saßen in sich zusammengekauert an die Baumstämme gelehnt. Bei jedem Einschlag zuckten sie zusammen.

Die Augen hielten sie geschlossen, aber geschlafen hat wohl keiner in dieser Nacht. Im Nachhinein teilte sich für sie ihr Leben in zwei Hauptteile, das Leben vor 1945 und das Leben danach. Für die Eltern aber begann nach dieser Waldnacht im April mindestens ihr drittes Leben.

Der Morgen dämmerte herauf. Es wurde ruhiger in der Ferne. Was nun? »Warten wir hier mit den anderen Familien bis wir von den Russen gefunden werden? Oder bis eine Nachricht zu uns herausdringt?« Richard wollte abwarten. Als dann die Sonne den neuen Tag verkündete, fragte Juliane nicht mehr. Sie hatte sich entschieden. »Ihr könnt ja warten. Ich gehe. Ich muß

sehen, was mit unserem Haus ist.« Sie verließ das Waldversteck.
In festen, langen Schritten – viel zu groß waren diese Schritte für
ihre kleine Gestalt – steuerte sie ihrem Wohnort entgegen. Kein
Mensch war zu sehen, weder ein Deutscher noch ein Russe.

Sie sah sich als 17-Jährige mit ihren Eltern aufbrechen von
Rußland nach Deutschland. Nicht weil sie es wünschten! Unter
dem Zwang der Ereignisse des ersten Weltkrieges hatten sie sich
aufgemacht. Freiwillig waren die russischen Soldaten jetzt auch
nicht auf diese Straßen gezogen. Sie rechnete nach, wie lange
sie keinen russischen Laut mehr gehört hatte. Die dazwischen
liegende Zeit ist schließlich nicht spurlos vorbeigegangen – weder an uns noch an den anderen. Dazwischen liegen Schicksale,
Zwänge, Tragödien auch. Wenn sie nun voller Verbitterung und
Rache sind? Was hat denn auch der Hitler in Rußlands Weiten
gesucht? »... denn heute gehört uns Deutschland und morgen ...?« Mein Gott, was haben wir diesen Menschen angetan!
Ist es da nicht verständlich, wenn sie Gleiches mit Gleichem ver-
gelten?

Wie im Fieber marschierte Juliane zwei lange Kilometer –
mutterseelenallein. Rechtzeitig hatte sie das alte Tuch nach russischer Art um Kopf und Hals geschlungen. Die ersten Sowjetsoldaten tauchten auf. Sie schienen sehr müde zu sein. Sie saßen
oder lagen am Straßenrand im Frühjahrsgrün. Die meisten nahmen keine Notiz von der einsam dahinschreitenden Frau auf der
Chaussee. Zwei Hände winkten ihr zu. Sie winkte zurück. Nun
folgte Grüppchen auf Grüppchen in feldbraunen Uniformen
mit dem bewußten Stern an ihren Mützen. Manche riefen ihr etwas zu, andere lachten. Jetzt stand einer der Soldaten auf. Er kam
auf sie zu. Sie verstand nicht, was er sagte. Sie hörte nur die Frage
heraus: »Ruska (Russin)?« Eifrig nickte sie: »Da, da.« (»Ja,
ja.«) »Idietje.« (»Gehen Sie.«)

Endlich hatte sie die ersten Häuser der Stadt erreicht. Umgestoßen, ausgeplündert lag vor ihr ein deutscher Planwagen ohne Pferde, ohne Menschen. Ein älterer Russe kramte in den herumliegenden Restbeständen. Er rief Juliane heran. Er schien überhaupt nicht auf den Gedanken zu kommen, sie könnte eine Deutsche sein. Noch war Krieg. Keine Nemetzkifrau würde sich allein durch die Trupps feindlicher Soldaten wagen. Aus dem Knäuel von Textilien suchte er drei Frauenkleider aus und legte sie ihr über den Arm. »Wasmietje!« (»Nehmen Sie!«)

Anscheinend wußten die Sowjets, daß hier in der Nähe ein Lager zivilgefangener Russenfrauen war. Bloß jetzt nicht mehr sagen als unbedingt nötig. »Spassibo, spassibo!« (»Danke, danke«). Mit den Kleidern fremder deutscher Flüchtlinge im Arm ging sie als einzige Deutsche unerkannt durch die Gassen. Militärkolonne auf Militärkolonne zog an ihr vorüber.

Eine beträchtliche Anzahl der Einwohner war mit den letzten deutschen Militärautos geflohen. Noch saßen die Menschen in ihren Verstecken, in Kellern, Gärten oder in den Wäldern. Die Arbeiterfrauen der einzigen Fabrik im Ort hatten sich in die Fabrikräume begeben, um gemeinsam der Dinge zu harren, die da kommen würden. Sie setzten ihr Vertrauen auf den Werkmeister, denn der war der russischen Sprache kundig. Zehn Jahre hatte Herr Liedtke als deutscher Techniker in Moskau gearbeitet, bis er und seine Frau 1939 dort ausgewiesen wurden. Liedtkes hatten sich mit der Buchholzfamilie angefreundet. Mit ihnen konnten sie über Erfahrungen sprechen, die sonst niemand hier hatte. Warum dachte Juliane jetzt so stark an Liedtkes? Ob ihre perfekte Sprachkenntnis ihnen und den anderen heute helfen würde? Oder würde das vielleicht sogar Mißtrauen erregen?

Gewaltsam schob sie die bangenden Gedanken um Liedtkes beiseite. Jetzt brauchte sie wache Sinne für das eigene Handeln.

Sie betrat ihre Wohnung im Biberschen Hause. Die Wirtin war westwärts geflohen. Richard hatte im letzten Jahr Weidenkörbe geflochten. Die holte sie nun eilig herbei. Sie riß Wäsche und Kleidung aus den Schränken hinein in diese Körbe. Da wurden Stiefelschritte hörbar. »Herr Gott, hilf!« Ein junger Sowjetsoldat stand neben ihr. Unbeirrt räumte sie weiter. Er packte sie am Arm. Er wollte sie aufs Bett zerren. Da tat sie ihren Mund auf. Tatsächlich, sie brachte ukrainische Sätze zustande. »Warten Sie. Ich bin alt. Es kommen junge Frauen. Freiwillig.« Hatte diesen Russen ihre Sprache irritiert? Er ließ sie los. Wieder Schritte. Es war Jannosch. »Jannosch, können Philipp und du mir helfen?« »Philipp Heimweh. Philipp nach Hause.« »Heimweh? Das hab ich ja gar nicht gewußt.« Danach hatte sie vor lauter Arbeit überhaupt nicht gefragt. Das Leben ist eben mehr als ein Dach über dem Kopf und das Nötigste zum Sattessen. Ihre Gedanken rannen. Doch dafür war jetzt nicht die Stunde. »Und du, bleibst du noch?« »Bis Krieg kaputt, ich bleibe.« »Dann hilf mir. Unsere alte Behörde ist weg, eine neue noch nicht da. Heute bin ich mein eigener Bürgermeister. Raus aus der kalten Wohnung! Ich ziehe in mein Haus.«

Miteinander trugen sie Bettgestelle, Stühle, Schrankteile durch armeebelebte Straßen. Sie mußten ja wohl den Eindruck von Plünderern machen. Zwei herumstehende Soldaten sprachen mit Jannosch. Sie halfen ihm tragen. Sie pferchten die Sachen in den Ladenraum. Auch Evas Zimmer und das ihrer Schwiegereltern wurde zum Möbellager. Erst einmal drin sein im eigenen Haus. Vielleicht ist es in diesen wüsten Tagen sogar günstig, wenn wir in einem Tohuwabohu hausen. Hernach wird sich alles finden.

*

Für Wochen, gar Monate lebten sie mit acht Personen hautnah zusammen. Wenn Sowjetsoldaten sich bei Deutschen – vornehmlich bei deutschen Frauen – einladen wollten, machten die meisten von ihnen diese Tür schnell wieder zu. Hier war es selbst ihnen doch zu ungemütlich. Wurden rauhe Stimmen hörbar, versteckte Eva sich in der Rumpelkammer. Einmal aber hatte ein Offizier die zartgesichtige junge Frau entdeckt. Er wollte sie. Freiwillig sollte es sein. Nach dem Krieg würde er sie abholen, sie sollte es gut haben in seiner Heimat östlich der Wolga. Ihr Mann würde sowieso nicht zurückkommen. Dem Kind würde er ein guter Vater sein. Heidemarie spielte an seinen glitzernden Abzeichen. »Blanke, blanke.« Juliane griff zu einer List. »Sie ist sehr krank. Lunge. Ansteckend.« Eva würgte und schnappte nach Luft. Die Mutter flößte ihr irgendwelche Magentropfen ein. Er ging. Aber er kam wieder, drei Tage lang. Sie fürchteten, daß sein Wunsch nach freiwilliger Zustimmung umschlagen könnte. Doch da erhielt seine Truppe den Marschbefehl. Gott sei Dank!

Renate war mit ihren dreizehn Jahren eine der Kleinsten in ihrer Schulklasse. »Mach' einen Knoten in die Beine und sag', du bist elf.« Die Russen lieben Kinder. Vielleicht würden sie ihr nichts antun. So konnte man sie für unvermeidliche Gänge auf die Straße schicken, und doch bangte die Mutter. »Wo bleibt sie nur!« Drei junge Russen traten ein. »Wo lustiges Mädchen?« Renate war ein keckes Ding. Unterwegs riefen Soldaten sie an und lachten ihr zu. »Strastwutje!« Den gerade erlernten russischen Gruß könnte sie ja gleich ausprobieren. »Strastwutje.« Doch als die drei im Eilschritt über die Straße kamen, packte die Übermütige die Angst. In Panik rannte sie los. Sie verkroch sich im Garten im Bunker. »Lustiges Mädchen? Die gibt es hier nicht.« Wenn sie jetzt bloß nicht plötzlich auftaucht! Zwei von Renates gleichaltrigen Freundinnen lebten nicht mehr, eine dritte war arg zugerichtet worden.

Der Anführer dieser drei Soldaten sah sich um in der ungeordneten Behausung. Vor dem Wohnzimmerbild blieb er stehen. Es stand an die Wand gelehnt. »Otschen Charascho!« (»Sehr gut«). Von Malerei hatte Juliane nicht die geringste Ahnung. Woher sollte sie auch? In den Künsten war sie wie ein unwissendes, aber auch unverbildetes Naturkind. Bei Radiomusik wählte sie fast nur Klassiker aus. Mit demselben ›Instinkt‹ sah sie sich Bilder an. Diesen Druck hatte sie in der Kreisstadt erstanden. Der Verkäufer hatte ihre Auswahl gelobt und irgendeinen ihr unverständlichen Ausdruck gebraucht. Dasselbe Bild also gefiel dem Burschen. Das ›lustige‹ Mädchen war vergessen. Der Russe zog seine Soldatenmütze vor Juliane, verbeugte sich wie vor einer Hochgestellten. Die drei verschwanden.

*

Es war an einem Maiabend. Die Sowjets feierten ihren Sieg. Aus der Mühle klangen Soldatenchöre herüber. Leise nur – wie ein Summen – langsam schleppend kamen die ersten Klänge. Sie schwollen an. Schneller und schneller folgten die Töne aufeinander. Jetzt rasten sie fast. In einem einzigen hohen Ton riß der Gesang plötzlich ab. Wie fremdartig das klang! Dann vernahm man englisch-amerikanische Laute im Treppenhaus. Die untere Etage bekam Besuch. Amerikaner aus dem Lager, und jener Franzose hatte sich für die Nacht oben einquartiert. Bei den Buchholzens saß man beim matten Schein eines Kerzenstumpens im engen Küchenraum. Gesang und Gepolter an der Tür. Zwei baumlange Kerle erschreckten sie. Mit knapper Müh' und Not konnte Eva gerade noch so in die anliegende Dunkelkammer verschwinden.

Wenn die Kleine bloß nicht aufwacht und weint! Dann würde sie verraten, daß hier irgendwo eine junge Mutter sein muß. O Gott bewahre! Die beiden ungebetenen Gäste waren betrunken, stockhagelblau. Sie ließen sich auf die Stühle fallen und begannen zu singen. Unsagbar traurig klang ihr Lied. Richard starrte auf die Gewehre. Bloß nicht rühren, diese beiden wissen doch gar nicht, was sie tun.

Erneut quoll eine Leidensmelodie durch das Haus. Dann erhob sich der Dunkeläugige. Er griff nach Juliane. Mit russischen Worten versuchte sie ihn abzuschütteln. Er zerrte sie auf den Flur hinaus. Der melancholische Glatzköpfige blieb. Mit alkoholverschwommenen Augen fixierte er Renate. »Wie alt?« »Elf, noch Kind«, logen sie. »Charascho! Komm!« Er hatte ihr Handgelenk fest im Griff. Bei dem gellenden Hilferuf ihrer Jüngsten wollte Juliane sich freikämpfen. Sie wurde niedergedrückt, gekniffen, gebissen. »O Gott, rette das Kind!« Renates Angstschrei trieb die ›Franzosenbraut‹ hoch. »Bäbbi, schnell raus, hilf ihr!« ›Bäbbi‹ (so nannte sie ihn) stand auch schon an der Seite des betrunkenen Hünen. Im Lager hatte er polnische und russische Worte gelernt außer den deutschen, die ihm leicht über die Zunge gingen. Das unerwartete Auftauchen des polnisch-russisch-sprechenden ›Internationalen‹ verwirrte den Schwankenden. Er lockerte den krampfenden Griff. Renate stürzte davon. Unter dem Dachfirst kroch sie hinter einen Ziegelhaufen. Würde ihr heftiger Herzschlag sie nicht verraten? Hört man es draußen auch so stark wie drinnen? Schritte polterten die Bodentreppe herauf. Eine Taschenlampe leuchtete auf. Kein Ruf. Kein Flüstern. War es einer der Betrunkenen? War es Bäbbi? Warum rief er nicht ihren Namen? Er kannte sie doch. Ihr kam es vor, als habe sie Stunden hier gehockt. Erst im nächtlichen Dunkel hatte Juliane ihre Jüngste wieder. – Die ›Hure Rahab‹ hatte sie gerettet. Es blieb nicht ihre einzige Rettungstat. Sie bot den Nachbarsfrauen ihre Hilfe an. »Für euch ist das nichts. Mir macht es nichts aus. Nachts kommt Bäbbi, und wenn wir tags Schritte hören, stelle ich mich in den Türrahmen und locke sie herein.« So hat sie es mehrfach praktiziert. Woher nahm die ›Hure Rahab‹ ihr Feingefühl für andere Frauen?

Jahre später wohnte sie am Stadtrand in einem damals etwas verrufenen Haus. Einmal hatte sie wegen Diebstahl im Gefängnis gesessen. Wenn Juliane allein oder mit den Töchtern dort vorbeispazierte, setzte sie sich zu ihr auf die Sommerbank. Die ›Hure Rahab‹ war stolz darauf und freute sich sehr. Juliane schämte sich nicht vor den Leuten, denn gerade diese übel beleumundete Frau hatte Engelsdienste an ihnen getan in schlimmen Wochen schwerer Bedrängnis. Nun, es gab noch Manches zu bestehen in diesen ersten Wochen und Monaten einer neuen Zeit. Dietrich wanderte zurück zu seiner Familie östlich der Oder. Ob die Seinen überhaupt noch lebten? Auch Jannosch machte sich auf ins Ungewisse. Der sensible, ängstliche Pole hatte sich schützend vor die Buchholzens gestellt, auch unter eigener Gefährdung.

Richard wurde in eine Militärwerkstatt beordert, Eva zu Landarbeiten geholt. Oft kam der Abruf mitten in der Nacht. In diesen stürmischen Wochen war es untersagt, Haus oder Wohnung abzuschließen. »Aufstehen! Raus!« Nachher nähte Eva mit anderen Frauen in einer Schneiderei. Ihre gängigsten Kunden waren russische Frauen. »Männer gefangen? Kinder? Babuschkas? Was brauchen?« Sie zahlten gut und versorgten die Frauen ihrer bisherigen Feinde mit Brot und Butter, Milch und Mehl – vielleicht sogar heimlich – zur Bewahrung des Lebens deutscher Frauen und Kinder.

Die 13-jährige Renate dachte nach. Was war mit Hitler? Was war mit Stalin? Einen Verbrecher hatte der Vater den ›Führer‹

gescholten, und doch! In der Woche nach dem 20. Juli 1944 prangte das Hitler-Bild neben einem Blumenstrauß in ihrem Schaufenster. Alle Schaufenster in der Stadt waren geschmückt. Hitler hatte sein Attentat überlebt. Dieses ›Wunder‹ sollte geehrt werden. Buchholzens besaßen also ein zwar nicht großes, aber immerhin ein Ölgemälde mit dem deutschen Idol.

Wie reimte sich das zusammen?

Zu Weihnachten 1943 hatten die Kinder mit dem Schwiegersohn den Eltern dieses Geschenk gemacht. Herbert gehörte nicht der Partei an, aber er war Oberfeldwebel der deutschen Wehrmacht, die für Hitler-Deutschland kämpfte – im Osten wie im Westen.

Hing dann nicht dieses Bild in der guten Stube über der Nähmaschine? Hitler also im Wohnzimmer derer, die nicht für ihn waren? Danach im Schaufenster – auf Anordnung. Im April 1945 war es. Das Klohäuschen der Hausbewohner befand sich in der äußersten Ecke des Hofes. Man mußte erst die Runde machen – vorbei an Holz- und Kohlenschuppen. Da sah Renate, daß die Schuppentür um einen Spalt offen stand. Sie lugte unbemerkt durch diesen Spalt. Mit dem Rücken zur Tür – die Axt in der Hand – bückte sich die Mutter über den Hauklotz. Renate hielt die Luft an. Die Mutter zerhackte das Geschenk ihrer Kinder, sie zerschlug das Hitler-Bild.

Dann ... war's noch Mai oder schon Juni 1945? Sie trugen den Wäschekorb zum Mühlenteich. Dort – oder im Lindenbach – spülten sie im Sommer die Wäsche.

Aus der Mühle trat ein russischer Offizier. Er nahm Renate den Korb ab. Neben ihr und der Mutter ging er mit zum Teich. Er sprach Deutsch. »Euch geht es schlecht jetzt«, sagte er, und die Mutter antwortete: »Ja, das haben wir Hitler zu verdanken.« Sie trauten ihren Ohren nicht. Was sagte dieser Sowjetoffizier?

Sie hatten sich nicht verhört, das war eindeutig. »Unser Stalin ist auch nicht besser!« Das wagte dieser Mann in Uniform der ehemaligen Feindmacht, den ›Besiegten‹, zu offenbaren?

Was war das für eine Welt! Völker bekriegen sich zu Tode für Idole, die sie – wenn ihre Stunde gekommen ist (oder wenn sie auch noch nicht gekommen ist) zerschlagen.

Die Schüler wurden zu Straßen- und Friedhofsarbeiten herangezogen. Renate war mit unberechenbarem Eifer dabei. Verlauste Klamotten mußten aufgelesen und verbrannt werden. Juliane erfaßte ein leises Unbehagen über die Inbrunst, mit der ihr Kind sich ins Zeug legte. So schleppte sie – noch im Zustand des Unbehaustseins – die Ruhr herein, mit Blut und Wasser. Wie gut, daß sie noch aus altem Bestand Desinfektionsmittel hatten. Wie aus weiter Ferne hörte Renate die Mutter sagen: »Sie wird uns sterben.« Im Quarantänelager verteilte ein Flüchtlingsarzt Medikamente. Renate genas, doch sie blieb schwach. Drei Monate später schickte man sie von den Hilfsarbeiten mit hohem Fieber heim. »Das Mädchen gabelt aber auch alles auf!« Jetzt war es Typhus. Auf offenen Leiterwagen beförderte man Kranke und Tote durch die Straßen. Das Überleben kostete anstrengendes, unbedingtes Wollen. Neben den Notrufen zu Gott gedieh und blühte der Aberglaube.

Liedtkes kamen nicht wieder. »In ihrer Wohnung sieht es wüst aus. Was ist bloß mit ihnen geschehen?« Der Mann, der das Massengrab der in den Tod Geflüchteten geschaufelt hatte, mußte in derselben Reihe das Ehepaar sarglos begraben. »Mit Gewehrkolben totgeschlagen. Völlig entstellte Leiber.« Liedtkes waren wütenden und betrunkenen Armeesoldaten energisch entgegengetreten. Ihre Mittlerrolle hatten sie total überschätzt. Man hielt sie für Partisanen. Jetzt hatten sie nicht die ihnen früher vertrauten Moskauer Arbeiter vor sich. Dazwischen lag der grauenhafte Krieg, den wir Deutsche verschuldet hatten. Mütter, Frauen, Kinder waren auch ihnen geraubt worden. Ihre Erde verbrannt. Menschen waren zu heimatloser, bewaffneter Masse geworden. Im Troß der Kriegskolonnen zogen Irrtum, Haß, Verrohung ihre Straße.

Was Liedtkes Juliane bedeutet hatten, wußte sie erst so richtig, als sie nicht mehr waren. Auch für Eva war ihr Tod ein schmerzlicher Verlust.

Mutter und Tochter bepflanzten auf dem Friedhof die Stelle, wo die ihnen befreundeten Eheleute in etwa liegen mochten. Wortlos trauernd sahen sie einander an. »Vergib mir«, sprach es aus Julianes Augen. Aber das Wort sagte sie nicht. Ihr Herz bereute, daß sie manchmal eifersüchtig auf Frau Liedtke gewesen war, von der Eva lernen durfte, was sie als Mutter ihr nicht geben konnte. Schweigend gingen sie vom Friedhofsberg herab. Keinem Menschen in der Welt war Juliane so verbunden wie ihrer Eva-Maria. Ihre gegenseitige Zuneigung drückte sich in Beistand und Tat aus. Mit Worten gingen sie sparsam um. »Wenn die Postwege sich ebnen, wirst du gewiß bald ein Lebenszeichen von Herbert bekommen.«

Zuerst kam der Sohn nach Hause. Von klein auf war er kräftig und gesund. Den Jungen konnte so leicht nichts umblasen. Jetzt aber stand der 19-Jährige elend und ausgemergelt vor den Eltern. Der bisher so unkomplizierte Junge saß nun mit tödlich ernstem Gesichtsausdruck in ihrer Mitte. Er sprach wenig. Die Mutter rührte nicht daran. Mögen die Bilder des Grauens erst einmal vorüberziehen. Sie werden verblassen. Neuer Wille zum Leben wird die Oberhand gewinnen. So geschah es.

Von seiner kaufmännischen Lehrfirma in der Kreisstadt fand er nur noch Ruinen vor. Besitzer und Abteilungsleiter waren unauffindbar. Es blieb ihm gar nichts anderes übrig, als als Umschüler beim Vater anzutreten. Einfach war es nicht. Der Vater duldete keinen Widerspruch. Ohne Zerreißproben ging es nicht ab, doch Werner konnte abschütteln, was andere verwundet hätte. Beharrlich gingen Mutter und Sohn voran. Am Ende hatte er beide Zeugnisse in der Tasche. Er war kaufmännischer Angestellter, und er war Schuhmachermeister. Nebenbei schrieb er Sportberichte. Als Mittelstürmer auf dem Fußballfeld war er auch bei Jüngeren beliebt. Wenn für die Lehrlinge die Prüfungszeiten kamen, gingen sie zu Werner. Der konnte alles so verständlich erklären.

»Lehrermangel« hieß das Stichwort. Die Schulleitung bat ihn förmlich, die Handwerkerlehrlinge zu unterrichten. Ein Lehrer aus der kaufmännischen Branche hatte sich das Knie verletzt. Er mußte zum Arzt. Werner hatte gerade eine Freistunde. »Könnten Sie wohl ausnahmsweise die Schüler beschäftigen?« Als der Herr Direktor dann nach dem Rechten sehen wollte, war er sprachlos. Dieser Aushilfslehrer veranstaltete derart sachkundige Rechenexperimente, wie er selbst sie sich kaum zutraute. »Was? Das können Sie auch?« Werner hatte jung geheiratet, sein erster Sohn war schon geboren, als Werner nach Leipzig ging, um das Abitur nachzuholen. Für die junge Frau war es nicht leicht.

Das zweite Kind war unterwegs. Gleich von Leipzig aus wurde ihr Mann an die Berliner Humboldtuniversität geschickt. Jede Woche war er dort drei Tage Student, und drei Tage war er Lehrer in der Stadt, in der sie später eine Wohnung bekamen. Auf solchen kurvenreichen Wegen gelangte Werner schließlich doch an das Berufsziel, das als Junge schon sein Herzenswunsch war. Positiv – doch nicht unkritisch – lebte er in der neuen Zeit, die man die sozialistische nannte. Er schloß sich keiner Partei an.

Juliane stand nun wieder im Schuhgeschäft. Es war ein spärliches Geschäft geworden, denn Privatinitiativen wurden erheblich beschnitten. Doch weil sie an Hab und Gut nicht mehr begehrte, als sie hatten, bekümmerte sie das nicht sonderlich. Sie nährte bei sich selbst andere Wünsche. Schritt um Schritt eroberte sie sich den Freiraum für ihr eigenes Leben. Dabei kam ihr Richards unerwartete Veränderung entgegen. Wie war es gekommen, daß er weniger explosiv war als früher?

Werner und seine Frau lebten anders miteinander als es die Eltern getan hatten. Eva und Herbert führten ihm ein Eheleben vor, in dem Mann und Frau gleichwertig füreinander da waren. Vielleicht konnte er sich auch der Einsicht nicht verschließen, wieviel er Juliane zu verdanken hatte?

Bisher hatte er ihren Geburtstag kaum beachtet. Allenfalls daß er ihr die Hand reichte – wortlos. Was ist er nur für ein Mensch? Sie konnte nur sagen: »Ich weiß es nicht.« In aller Herrgottsfrühe war er zum Einkauf gefahren. »Ob er gar nicht daran denkt, daß du heute Geburtstag hast?«, fragte Renate. »O, er denkt nur an sein Leder.« Es klang mehr amüsiert als resigniert. »Laßt ihn. Er lebt sein Leben und ich meins.« Sie saßen beim Frühstückstisch, als es klopfte. Ein Lehrjunge aus der Gärtnerei gab eine blütenreiche Einpflanzung ab. »Ihr Mann hat die Blumen für Sie beim Chef bestellt.« »Mein Mann ... Blumen ...?« Eine richtig hübsche Karte steckte in der Schale. Sie schüttelte den Kopf. Renate sprang auf, sah die Schrift des Vaters und deklamierte: »Viele herzliche Geburtstagsgrüße sendet dir dein Mann.« Juliane lachte. Kein bitteres Lachen war's. »Seht nur Euren Vater an. Heute hat er ein Zeichen gesetzt.«

Herbert war spät aus französischer Kriegsgefangenschaft gekommen. In einem ›Noch-Privat-Betrieb‹ bekam er die Buchhalterstelle. Hier konnte er frei schalten und walten. ›Noch‹, das war für Eva das ahnungsgeladene Wort, das Juliane ständig überhörte. »Was denn, wenn die schließen müssen, kriegt er gleich drei andere Angebote.« Herbert spottete über die kleinstädtischen Manieren. Abends ein Kissen auf die Fensterbank. Das junge Volk promenierte die Straßen ›karreerum‹. Den Stettiner belustigte das selbstgenügsame Gebaren so lange, bis er selbst abends das Fensterbrett drückte. »Ich muß doch dieses Kleinstadtpflaster genießen, ehe ...« Das »ehe« wollte Juliane nicht wahrnehmen. Sie beeilte sich mit dem Abwasch am Abend und trommelte ›ihre Kinder‹ heraus. »Aber nicht nur die Straßen auf und ab, um ihren Kleiderschnitt bewundern zu lassen!« Sie umrundeten das Städtchen, spazierten den Waldweg bis zum Chausseehaus hinaus; auf dem Hohlweg zur Burg ließen sie ihre Phantasie sprießen bis zurück zu den Raubrittern, die hier ihre Beute einschleusten. Die grasbewachsenen Pfade im bergigen Eichwald führten sie zum Ausguck über die Ziegeldächer hinweg zu den Hügeln der Gärten.

Der Schwiegersohn war ein überaus akkurater Mensch. Zehn Jahre Soldaten- und Gefangenschaftsleben schienen sein Bedürfnis nach Genauigkeit und Ordnung noch gefördert zu haben. Jede Holzmiete mußte aussehen wie ein Ausstellungsstück im Volkskunstmuseum. Jedes Werkzeug hatte nur an dem einen bestimmten Nagel zu hängen. Der Paradegarten mußte jederzeit vorführbar sein, wenn der Bürgermeister etwa einem Westbesucher den Reiz der mecklenburgischen Möglichkeiten beweisen wollte. Juliane mißdeutete seine musterhafte Ordnungsliebe. »Er übertreibt zwar ein bißchen, aber immerhin ist bei Eva und Herbert alles, was wir mühsam erarbeitet haben, in den besten Händen.«

Werner ging in seiner Schule auf, und Renate hatte keinen Sinn für Geschäft und Besitz. Ob die Dinge nun kreuz oder quer lagen, das interessierte sie nicht. »Dich kenne ich eigentlich gar nicht«, sagte die Mutter. Während sie sich fragend an die Tochter wandte, lief gleichzeitig in ihrem Hinterkopf die Erinnerung daran mit, wie auch sie sich einst vor ihrer Mutter Rosina verschlossen hatte. Irgendwie scheint sich da etwas in jeder Generation zu wiederholen. In Gegenwart des Vaters saß Renate still wie ein Lamm. Sie fürchtete ihn. Dabei schien er sie sogar zu mögen. Natürlich, ausgesprochen hätte er das nie. Juliane erfuhr erst von Lehrern und Leuten wie wild und ungebändigt ihre Renate sein konnte. Einerseits war sie ausgelassen und lustig, leicht aufgelegt zum Lachen, andererseits war sie überaus empfindsam. Schnell flossen die Tränen. Auf der Straße suchte sie Freundschaft bei allen möglichen und unmöglichen Leuten, doch zu Hause verschloß sie sich gänzlich. Ab 1947 ging sie anderenorts in die Oberschule. Sie war wissensdurstig und eifrig, aber doch gar so labil. Oft war sie krank, fiebrig, schwächlich. Juliane war es gar nicht recht, daß ihre Jüngste sich in einer kirchlichen Jugendgruppe so stark engagierte. »Damit verbaut sie sich doch in unserem Staat ihre Zukunft«, dachte sie. Sie rang sich dazu durch, einmal mit Richard darüber zu reden.

Erst 25 Jahre später kamen Mutter und Tochter auf diese notvolle Phase zu sprechen. Sie hatten einander das Leben schwer gemacht. Jetzt kam Renate selten heim. Mutter und Tochter saßen auf der Bank am Waldrand. Vor ihnen plätscherte der friedliche Bach durch die Wiese. Warum soll ich es denn nicht einmal direkt aussprechen, daß ich heute über Manches anders denke? Jeder macht seine Fehler. Verloren sind doch nur die Unbelehrbaren. »Weißt du, für mich ist es gar kein richtiger Sonntag, wenn ich nicht in der Kirche war. Jetzt habe ich Zeit dafür. Dort hört man Zusammenhänge, über die man nachdenken kann.« Eine Weile schwiegen sie miteinander. »Mit dir haben wir es damals verkehrt gemacht. Gleich so viele Verbote. Keine Bibel. Keine Junge Gemeinde. Keinen Gottesdienst. Keine ...« »Ist schon gut, Muttchen, ihr habt es gut gemeint, und ich hab' auch daran gelernt, und ich bin heute noch am Lernen.«

Die Mutter ahnte nicht, in welcher ›Kirchenkrise‹ sich ihre Tochter gerade befand.

Hätte ich doch mehr von dem Charakter der Mutter, wünschte sich Renate. Ihr stand der Tag vor Augen – es war nun schon wieder Jahre her –, als sie gerade Koffer und Tasche abgestellt hatte. Die Mutter hatte sie empfangen: »Komm' mit! Es gibt für dich etwas Neues bei uns.« Juliane hatte Richard überredet, seine Werkstatt zu verkleinern. Er schusterte ja nur noch allein. Eine Schlafkammer war dabei herausgesprungen. Die über 30-jährige Tochter mußte also nicht mehr warten, bis die Eltern oder deren Gäste endlich aufbrachen am Abend. Mit der Aufbettung auf der Wohnzimmercouch war's zu Ende. »Ich hätte schon früher darauf dringen sollen! Du hast irgendwie ein anderes Leben gelebt. Endlich sollst du deinen eigenen Raum finden.« Renate hätte der Mutter um den Hals fallen mögen. Warum tat sie es nicht? »Gefühle zeigt man nicht.« Zu sehr lebte diese Scheu in ihr. Nicht erst heute – mehrmals schon hatte die Mutter bewiesen, daß sie nicht mehr nach ihrem Bilde Menschen formen wollte. Beide hatten sie gelernt. Beiden stand noch viel zu lernen bevor.

1961

Der einzige Juliane nahestehende Mensch war ihre Älteste. Das Jahr 1961 brachte den Knick, nein, damals war das alles viel schlimmer. Plötzlich hatte Eva Geheimnisse vor ihr. Wenn sie klopfte, mußte sie eine Weile warten bis geöffnet wurde. Nie vorher hatten sie sich vor ihr eingeschlossen. Manchmal rührte sich überhaupt nichts, obgleich es kurz zuvor oben rumort hatte.

Was war los mit den Kindern? ... »Es kann doch wohl nicht sein, daß ...?« Viele Tausende verließen jetzt die DDR. Wenn der Privat-Betrieb, in dem Evas Mann arbeitete, schließen müßte, ... er könnte doch – wie viele andere – mit der Bahn in die größere Stadt fahren. Arbeit gab's doch genug ... »Das werden sie mir doch nicht antun! ... Vielleicht wollen sie mich mit irgendeiner Neuheit in der Wohnung überraschen?« Trotz selbstgebastelter Hoffnungen steigerte sich die Ungewißheit. Hatte Herbert denn nicht schon manchmal Andeutungen gemacht? Ihr Ohr war taub dafür gewesen. Lebte sie in Illusionen? Am Lebensabend als dankerfüllte Zuschauerin in einer Familienidylle, dieses Bild hatte sie gehegt und gepflegt. Das tiefe, dunkle Loch kam nicht vor in ihrem Traum. Nun war es da.

Der Abend kam, an dem Eva mit der nun 17-jährigen Heidemarie und Herbert behutsam mit der Sprache herausrückte. Bei Heidemarie rannen die Tränen. Sie hatte hier Freunde, und sie liebte ihre Oma. Herbert aber kam nicht klar mit den sozialistischen Verhältnissen. Er war kein Mensch der Anpassung. »Wenn Aufbruch, dann jetzt.« Juli 1961. Die erste Karte kam aus West-Berlin, die zweite vom Rhein. »Niemals werde ich dort hinfahren! Niemals!«

Wochen des Verwundetseins mußten durchlebt werden. Wagte sie irgendwo eine Klage auszusprechen, trug man ihr Verteidigungsreden zugunsten der Republikflüchtigen vor. Aber sie war es doch, die Zuspruch brauchte. Billige Vertröstungen vermehrten nur ihr Leid. An Richard zu leiden hatte sie scheinbar längst aufgehört. Doppelt und dreifach trug sie nun an diesem Verlust. Wo sie auch Halt suchte, sie griff ins Leere. Einsamkeitsempfindungen kannte sie von früher her. Sie waren vergangen. Dies aber war trostlose Gegenwart. Juliane litt. Sie vergrub sich in ihre Verlassenheit, die ihr den Mund verschloß. Die bunten

Sommerwochen verrannen ohne Freude. Die Tröstungen des goldfarbenen Herbstes nahm sie nicht wahr. Dann krochen die Nebel hervor. Sie drohte zu ersticken. Sollte denn wirklich alles bisher gelebte Leben sich in dieser dunklen Wolke verlieren? Draußen regnete es. Kein Spaziergehwetter. »Nein, ich will nicht versinken!« Energisch drehte sie sich um. Sie öffnete den Kleiderschrank. Als habe sie es plötzlich ganz eilig, warf sie sich den Mantel über. »Ich muß heraus aus diesem Keller!« Trotz des unwirtlichen Wetters machte sie sich auf den Weg. Gegen den Wind ging sie und gegen den Regen. Richtige Löcher schlugen die Tropfen in den Teich, um die sich tiefe Ringe formten. Am Ufer schwankten kahle Trauerweiden. Gerüttelt und geschüttelt. Den Wald ahnte sie mehr, als daß sie ihn sah. Sie ging und ging, als gelte es jetzt, einen ganz bestimmten Zug nicht zu verpassen. »Laß die Füße naß werden. Dann wate ich eben.« Sie sagte es ganz laut. Die Birken, die den Weg säumten, hörten es. Es hörte der Wind. Auch die Wolken? Oder war da noch wer? »... ich will, ich werde meinen Weg finden, ich will weitergehen!« »Ja, mit Gottes Hilfe.«

»Wo warst du denn bei diesem Wetter?« fragte Richard, »Ich hatte einen wichtigen Weg, nicht aufschiebbar.« Ruhig wechselte sie die Kleider. Sie bereitete das Abendessen. Richard wollte etwas sagen. Aber er sagte es nicht. Er stand auf – wie gewohnt. »Ich gehe noch in meine Heimat.« Damit meinte er seine Werkstatt. Sie setzte sich unter die Stehlampe und begann zu stricken. Eine Jacke sollte es werden. Wer sie einmal tragen würde, wußte sie noch nicht. Vielleicht diesmal sie selbst?

Sie schaltete das Radio ein. Hatte sie je solche Klänge vernommen? Wohltuend sanft, als streichelte ihr jemand das Haar. Regen prasselt nicht nur. Manchmal träufelt er milde. Jetzt erinnerte das Spiel noch einmal an Verlassenheit und Trauer. Da gab und gibt es also irgendwo Menschen, die ihre Empfindungen teilen und die sogar noch imstande sind, sie zum Klingen zu bringen. Verlust und Verletzung, auch das gehört zum Leben. Aber es ist doch nur Übergang. Kristallklar perlten die Töne und mündeten ein in den befreienden Lauf. Ein neuer, ein wesentlicher Abschnitt ihres Lebens begann.

Am Sonntag saß sie in der Kirche. Zu Richard hatte sie kein Sterbenswörtchen verlauten lassen. Als er fort war, machte sie sich auf. Der würde Augen machen, wenn er den Kollektenbeutel seiner Frau vorhielt. Vor ein paar Wochen hatte er beinahe gebettelt: »Komm doch auch mal mit zur Kirche. Was soll denn der Pastor denken, wenn du dich nie sehen läßt.« »Was die Leute denken, ist mir schnuppe. Ich geh' doch nicht wegen dem Pastor zur Kirche.« Sie verkniff sich den Zusatz: »Das überlasse ich dir.« Bloß ihn nicht reizen.

Weswegen er denn nun eigentlich zum Kirchgänger geworden war, konnte sie ja nur vermuten. Einmal hatte Schuster Berthold gesagt: »Richard, nimm Sonntag dein Gesangbuch unter'n Arm, dann ärgern sich die Kommunisten.« Aber das war gewiß nicht Richards erstes Motiv. Angefangen hatte es drollig. Gott muß doch wohl Humor haben. Vielleicht hat er sich diesen Einfall in wohliger Laune geleistet? Wie menschlich dachte sie von Gott. Ihre Mutter würde mit gerunzelter Stirn über die Brillenränder hinweg schauen. Sie würde die Tochter rügen. Aber witzig war es doch. Ein neuer Pastor war eingezogen. Er mußte feststellen, daß sich in seiner Kirche im Höchstfalle sporadisch drei Männer blicken ließen. Zwei davon waren im Kirchgemeinderat. Es lag aber so ein Schreiben vom Oberkirchenrat auf seinem Schreibtisch. »Mannerrüstzeit in Rostock.« Doch diese drei ›Ab-und-zu-Auftaucher‹ hatten überaus ›gewichtige‹ Ausreden. »Die liebe Familie«, »die wenigen Urlaubstage«, »Schwierigkeiten im Betrieb.« »Sie müssen sich einen selbständigen Handwerker suchen. Die haben mehr Zeit und weniger Nachteile.«

Zielbewußt eilte der Pastor durch die Straßen seiner neuen Gemeinde. In einem Schaufenster hing ein Schild: »Richard Buchholz, Schuhmachermeister«. Hatte seine Frau nicht irgendwelche schiefen Absätze? Gut. Er sah in der Kartei nach. Keine Kirchensteuerschulden, ... und ... die verheißungsvolle Notiz: »Tochter im kirchlichen Dienst.« Da mußten die Eltern ja wohl kirchlich gesonnen sein. An der Ladentür steuerte er vorbei zur Werkstatt hinein. Als wäre er hier ständiger Gast, setzte er sich auf einen freien Schusterschemel, erst einmal mußten die Absätze herhalten. So, jetzt die Gelegenheit beim Schopfe gepackt. »Ach, Herr Buchholz, ich glaub', Sie sind mein rettender Engel ... Könnten Sie nicht mit mir nach Rostock fahren?« Diesem treuherzigen Bittsteller sollte Richard einen Korb geben? Noch dazu, wo's um eine Reise ging? ›Rettender Engel‹, so hatte ihn noch niemand genannt. »Landkarte und Fahrplan liegen bei mir immer griffbereit. Die gehören zu meinem Handwerkszeug. Aber Urlaubsreisen leiste ich mir nicht.«

Der Pastor konnte heute in seiner neuen Gemeinde den ersten Erfolg verbuchen. Allerdings konnte er nicht wissen, daß nach ihm ein wichtiger Kunde dieselbe Werkstatt betrat, der Mann von der Reitschule, der extra hierherfuhr, weil er bei Buchholz immer gut beraten war. »Ich brauche die Stiefel dringend und schnell. Sie haben doch immer ...« Der Mann hatte nie an Geld gespart, auch nicht an Lob. Nun hatte Richard in einer Stunde zwei Zusagen gegeben. Wie aber wollte er beide erfüllen? »Da ist mir doch der Pastor dazwischengehagelt!« Juliane merkte sofort, daß da etwas im Gebüsch lauerte. Sein eiliges Essen verriet es. Die Unruhe steigerte sich. Dann platzte er heraus. »Dieser Pastor! Der hat mich überredet! und überhaupt! Was

geht mich die Kirche an! Ganz raffiniert war das!« Seine Worte
nahmen an Schärfe zu, auch an Lautstärke. So dumm war Juliane
nicht mehr, daß sie die Wut, die andere verursachten, einfach
hinnahm. »Das mußt du alles dem Pastor sagen, nicht mir.« Sie
machte die Küchentür hinter sich zu und ging in den Garten.

»Versprochen ist versprochen.« Unter zwölf Stunden arbeitete er nie. Warum nicht wieder ein paar Nachstunden einlegen?
Noch schaffte er das ...

Zum ersten Mal in ihrem Leben erhielt Renate einen Brief
von ihrem Vater. Was war passiert? Ein vier Seiten eng beschrie-
bener Rüstzeitbericht steckte in dem Umschlag. Alles hat er ihr
darin erzählt, von der Morgenandacht bis zum Abendgesang,
und er schloß mit dem Bedauern: »Schade, daß ich für das Singen keine Stimme habe. Dein Vater Richard Buchholz.«

Renates Spannung löste sich. War das derselbe Vater, der
ihr – als sie 16 Jahre war – das ›Ultimatum‹ stellte: »Nie wieder
in der Bibel lesen, oder ich schlage zu!« Gebetet hatte sie, aber
geglaubt? Was war in diesen vier Jahren geschehen?

Richard hatte diese Rüstzeit als einmaligen Akt angesehen. Er
erschien nicht wieder in der Kirche. Wer aber wieder in der Schu-
sterwerkstatt erschien, das war der ahnungslose Pastor. »Keiner
ist da, der die Kollekte einsammelt. Ich möchte gern einiges ver-
ändern. Ich brauche Ihre Hilfe.« So kam Richard in die Kirche.
Er reparierte die Schadstellen im Glockenturm, schippte Koh-
len, wenn sich sonst niemand dafür fand, sammelte Kollekte ein
und beriet mit, ob denn nun die Gedenktafel für die Gefallenen
draußen an der Kirche oder drinnen angebracht werden sollte.
Als dann noch Diavorträge vom Gustav-Adolf-Werk angesetzt
wurden über das Leben der Deutschen im Ausland, da fehlte
Richard nie. Schnell hatte er die Statistik im Kopf. Soundso
viele Deutsche in Brasilien, so viele in Rumänien, und wohin die

Wolgadeutschen umgesiedelt worden waren, Richard wußte Bescheid. Dieser Pastor hatte einen großen Stein in Richards Brett gewonnen. Bloß Richards Frau, die zog nicht mit. An diesem Sonntag vormittag im Spätherbst saß sie also im Gottesdienst. Wie geschäftig ihr Richard war. Wann hätte er wohl zu Hause je eine Kerze angezündet? Na, der wird Augen machen. Auf diesen Augenblick war sie gespannt. Von der Predigt kriegte sie nicht viel mit. Die Gedanken rannen ihr davon, sie eilten zwischen Richard und ihren Kindern am Rhein hin und zurück. Das Singen tat ihr wohl. Sie lunzte nach vorn hin, wo Richard saß. Er kann doch gar nicht singen, aber er schien mitzulesen. Was wohl in ihm vorgehen mag? Dann aber gab sie den Gedanken eine Wendung. An dieser Stätte sollte wohl besser jeder vor seiner eigenen Tür kehren. Dann war es soweit. Mit dem Kollektenbeutel in der Hand vor ihr stehend entdeckte er sie. Hielten jetzt beide die Luft an? Du hier? Sein Gesicht entkrampfte sich. Das klare Blau seiner Augen strahlte wie damals an dem Tage, als seine Eltern in diese Heirat eingewilligt hatten. Diese Augen in diesem Mann! Irgendwie war es wie im Märchen. Da lebte ein verzauberter Mensch in einem Tier. Alle sahen nur das Tier. Allein die tiefblauen Augen verrieten, daß ein Mensch in dieser Verkleidung wohnte. Ob das verwandelnde Wort einmal gesprochen wird? So hatte sie ihn noch nie gesehen. Wieder war alles neu.

Auf dem Heimweg lud sie Frau Behrend für Mittwoch zum Kaffee ein. Warum war ihr dieser Einfall nicht schon lange gekommen? »Aber wenn nun gerade um die Zeit Frau Schneider bei mir ist?« »Ganz einfach. Bringen Sie sie mit.« Juliane schloß Altersfreundschaften. Die gesellige Seite außerhalb der eigenen Familie war Neuland, das sie eroberte.

*

Frau Behrend fuhr einmal im Monat ins Theater. »Aber vor Mitternacht sind wir kaum wieder zu Hause.« »Macht nichts. Ich hin ja nun im Rentenalter, auch wenn ich keine Rente kriege. Jetzt leiste ich mir das.«

Eine neue Welt tat sich auf. Konzert und Bühne. Jetzt hatte sie etwas, worauf sie sich freuen konnte. Manche Stücke beschäftigten sie die ganze Woche hindurch. Das war doch kein Theater! Hier gestalteten sich Menschenschicksale vor ihren Augen und Ohren, an denen sie Anteil nahm. Das Leben dieser Margarete ging ihr lange nach. Die Musik klang in ihr. Margarete, der Mann, das Kind, und immer dieser Teufel dazwischen! Das war das Leben selbst. In ihrer Not flüchtete Margarete sich in die Kirche. Aber auch hier hatte der Teufel Zutritt. Den hätte sie doch davongejagt! Doch Gott griff nicht ein. »Es gibt eben nirgendwo in dieser Welt das Paradies, nicht einmal ein Niemandsland ist da gegen das Böse.«

Frau Behrend war eine feinfühlende Frau. Auf der Rückfahrt überließ sie die Freundin ihren eigenen Gedanken. Gott hat die Margarete gerettet. Am Ende ist er doch barmherzig, und was mag aus dem Manne werden? Obgleich Juliane ihm grollte, wollte sie ihn auch gerettet wissen. Frau Behrend lieh ihr ein Buch. »Aber ich werde viel Zeit brauchen«, gab Juliane zu bedenken. Niemand konnte ahnen, daß es das erste Buch war, das sie las. Briefe zu schreiben hatte sie in den fünfziger Jahren begonnen, als Renate in der Ausbildung war. An Stoff mangelte es ihr nie. »Aber wie ich schreibe, das wird ja wohl für die Lesende ein Witz sein.« Sie schrieb einfach drauf zu, so wie sie sprach. Im Laufe der Briefjahre hatte sie sich eine Menge an Rechtschreibung abgeguckt. In allem anderen Wissenswerten war ihr bester Lehrmeister das Radio. Auch bei der Hausarbeit hörte sie Reportagen, Meinungen, Hörspiele und Lesungen und viel Musik. Für Wort und Ton wurde dadurch ihr Ohr geschult. Nun aber las sie Abend für Abend »Die Lebensuhr des Gottlieb Grambauer« von Ehm Welk. Wenn Frau Behrend hereinschaute, sprachen sie von Gottlieb Grambauer wie von einem alten Freund. »Sinn des Lebens? Nun, den muß wohl jeder für sich selber suchen. In jeder Phase wird er einen anderen entdecken – und Zeiten gibt's, wo man gar keinen Sinn finden kann.« Juliane kannte solche Zeiten. »Ich hab' für meine Töchter gelebt, das war mein Sinn«, sagte Frau Behrend. Juliane dachte nach. »Wenn junge Leute ihre große Liebe leben, dann fragen sie nicht nach dem Sinn. Sie lieben eben. Vielleicht nennen wir Sinn, was in uns ein Erfülltsein bewirkt?« Sie dachte an ihren letzten Spaziergang zum Hagen hinüber. Bei den Heckenrosen war sie stehengeblieben. In jedem Zweiglein steckte so viel Leben. Jeder Stein sprach von den vielen tausend Jahren hier. Wie kurz dagegen war doch ihre Zeit. Aber als kleiner Mensch fühlte sie sich hineingenommen in Gottes unendlich schöne Welt. Dieser Augenblick wog Jahre auf. Er schenkte ihr eine Ahnung von dem, Was wohl Erfüllung sein mochte. »Was ich empfinde, gestaltet mir den Sinn.« Dieser Weg im Schatten der Bäume dünkte sie reich und beglückend. Gegen sie war die Gelddame im Luxushotel von Monte Carlo ein armes Luder. Allerdings kannte sie diese ›Dame‹ nur aus dem Kino. »Beinahe wäre ich zur Salzsäule erstarrt – wie Lots Frau. Die wollte ihren Sinn festhalten, darum blieb sie tot auf der Strecke. Sobald die ›Sippenbestrafung‹ wegen der Republikflüchtigen aufgehoben wird, fahre ich an den Rhein.«

*

Der Tag kam. Nicht schnell genug konnte der D-Zug für die Rentnerin sausen. Unbedingt mußte sie ihre Urenkelin sehen. Ja, es war wieder ein Mädchen. »Ach, Kinder, gut, daß ihr gegangen seid. Für euch ist's gut, ich sehe es ja – und für mich auch«, fügte sie leise hinzu. Heidemarie sah ihrer Großmutter ungläubig in die Augen. »Für dich auch?«»Nun ja, wenn wir etwas sehr Liebes verlieren, bleibt uns nichts anderes übrig, als uns auf einen neuen Weg zu machen, und dabei kann man Ungeahntes erleben.« ...

Auf der Rückfahrt hatte sie einen Fensterplatz in Fahrtrichtung. Auch wenn keine Sonne sie blendete, setzte sie doch lieber die Sonnenbrille auf. Was gingen diese fremden Mitreisenden ihre Tränen an? Sie waren alle nur voll des Lobes der Westwaren und Geschenke, die sie in schweren Koffern nach Hause frachteten. Doch ihr war nun so schwer ums Herz. Es lagen ja nicht nur die vielen Kilometer zwischen ihnen. Sie hatte das Gefühl von auseinanderdriftenden Welten. Den Kindern hatte sie einen Überwindergeist demonstriert, als würde ihr gegenwärtiges Leben alle familiären Beziehungen aufwiegen oder sogar noch in den Schatten stellen. Hatte sie Theater gespielt? Sie kannte sich nicht aus in sich selber. Sie wendete sich dem Fenster zu, als habe sie dort etwas intensiv zu beobachten. Unauffällig schob sie die Taschentuchspitze unter die Sonnenbrille. Gut, daß Richard sie hatte allein fahren lassen. Bei seinem Reisebedürfnis war das ungewöhnlich. Ja, ich bin auch schuld. Nur immer die Kinder, ... und jetzt? Wenn die Kreislaufschwäche ihn anfällt, macht er so ein Gewese. Mit dem Fuß stampft er dagegen an. In meinen Ohren klingt das, als würde er sagen: »Nun lieb' mich doch!« Aber es bleibt kalt in mir. »Herr Jesus, erbarme dich meiner. Herr Jesus, erbarme dich seiner!«

Richard holte sie vom Bahnhof ab. Aus seinen Augen schaute der Mensch heraus. Aber er sprach kein Wort. Lieber nichts sagen als an wunde Stellen rühren. Wortlos gingen die beiden nebeneinander. Erst als sie an die Brücke kamen, die über den Bach führt, brach sie das Schweigen. »Nächstes Jahr sollst du mitkommen. Es geht ihnen gut dort. Es wird dir gewiß gefallen.« »Gibt's in ihrer Nähe eine Lederhandlung?« »O, die haben dort alles, was dein Schusterherz sich wünscht. Und hier? Ist alles gut gelaufen?« »Frau Keller hat im Selbstbedienungsladen gestohlen. Das ist eine große Schande für die Kirche.« Frau Keller war eine kränkliche Frau aus Schlesien. Ihr Mann war vermißt. Es machte ihr Mühe, ihre beiden Jungen durchzubringen. Verwandte hatte sie nicht. Im Gottesdienst fehlte sie nie. Nun hatte sie also gestohlen.

Die Nachbarin, die morgens lange im Bett liegend ihre ›Dreißigpfennigromane‹ verschlang, die wußte dann alles ganz genau. »Frau Kellers ältester Sohn wollte eine Freundin mitbringen. Da wollte sie als Mutter auftischen. Bohnenkaffee, Kakao, Kaffeesahne, Keks und Schokolade. Was wohl eine solche Diebin in der Kirche sucht?« Juliane ärgerte sich, aber ihr fiel keine Antwort ein. Sie schämte sich für Frau Keller. Sie schämte sich auch für die wortbeflissene Richterin. Ehe sie ging, brachte sie wenigstens noch einen Satz zustande. »Jedenfalls sucht Frau Keller Halt und Hilfe an der richtigen Stelle.« Juliane genoß Respekt im Ort. Selten erhob jemand Einspruch, wenn sie etwas gesagt hatte. Man begegnete ihr in einer Art von Ehrfurcht.

Frau Buchholz ging in den Selbstbedienungsladen. Wenn die Kassiererin nicht gar so viele Kunden passieren lassen müßte, wäre sie gewiß bei Julianes Einkauf stutzig geworden. Haargenau dieselben Dinge lagen im Korb, wie sie Frau Keller heimlich hatte mitgehen lassen. Noch nie hatte Juliane die schlesische Flüchtlingsfrau in ihrer Mansardenwohnung besucht. Frau Keller erschrak, als sie sie im Türrahmen stehen sah. »Frau Buchholz! Sie? ... Sie haben es wohl auch gehört, daß ich ...?« Sie zog ein großes buntgestreiftes Taschentuch aus ihrer Kittelschürze. Juliane trat an den Küchentisch. Es war alles piekebauber hier. Aus ihrer Einkaufstasche holte sie ein Päckchen Bohnenkaffee, ein Päckchen Kakao, ein Fläschchen Kaffeesahne, den guten Keks und eine Tafel Schokolade. Frau Kellers Schluchzen verstummte. »Was machen Sie denn? Was soll das heißen?« »Nun, ich dachte mir, Sie kriegen sicher keine Westpakete. Sie erwarteten Besuch, da sind Sie in Versuchung gefallen – für ihren Sohn. Ich habe das alles. Ich möchte es Ihnen schenken. Meine Schwester schickt mir Päckchen, meine Nichte auch, jetzt auch noch meine Tochter. Wenn Ihnen wieder eine solche Versuchung ankommt, dann kommen Sie zu mir.«

Abwehrend streckte Frau Keller ihre Hände gegen die Lekkerbissen auf dem Tisch. Sie brachte kein Wort hervor. »Legen Sie das jetzt in ihren Schrank. Fertig. Verkriechen Sie sich nicht mehr vor den Leuten. Wissen Sie, der eine stiehlt Kakao, der andere stiehlt dem Nächsten die Ehre oder die Freude oder die Ruhe. Manchem Menschen wird sogar die Zukunft gestohlen. Schlimm ist das alles. Setzen Sie sich am Sonntag einfach neben mich auf die Kirchenbank.« So geschah es. Richard lief rot an, als er seine ehrenhafte Frau neben der Diebin sitzen sah. Die aber lächelte ihn an, aus einem Frieden heraus, den er sich nur wünschen konnte.

*

Im Sommer organisierte Juliane kleine Ausflüge mit anderen Rentnerfrauen. Mit dem Zug fuhren sie, mit dem Bus bis zum See. Sie tranken Kaffee und spazierten den Uferpfad entlang. Wenn die Frauen mit ihren alltäglichen Wichtigkeiten die lobtönende Vogelwelt überstimmten, brachte Juliane sie schließlich doch noch zum Hinhören. Sanft plätschernde Wellen spielten mit den Steinen am Strand. Manchmal machten sie die Bootsfahrt bis hinüber zur Landzunge, hinter der das Naturschutzgebiet begann. Kein Ferienheim, weder Bungalow noch Zeltplatz, nicht einmal eine Scheune ließ sich hier blicken. Ried und Rohr, Busch und Bäume umrandeten den durchsichtigen See. Hier durfte das unscheinbare Kleine sich des ungezwungenen Lebens freuen. Hier verstummten die Jammerlaute des Alterns. Als habe Gott soeben erst Wiese und Wipfel aus der Taufe gehoben und die Menschen zu seinen Zeugen gemacht.

»War das ein schöner Tag!« verabschiedeten sich am Abend die Frauen. Sie brauchten solche Tage. Krankheit und Schmerzen kamen von selbst. Sie fragten nicht: »Sind wir willkommen?« Nie hätte man sie eingelassen. Mit allen ihren Willenskräften hatte Juliane widerstanden dem aufreibenden Ischiasschmerz, den Koliken, erst recht dem eingeklemmten Gallenstein, der sie in Todesnähe brachte. Der vertrackten Operation hätte sie nie zugestimmt, wenn es auch ohne sie gegangen wäre. Sie hätte es sich einfach verbeten.

Wenn Richard etwas plagte, hatte er viel zu beklagen – mit erwartungsvollem Seitenblick auf seine Frau. Im Krankenhaus war er glücklich. »Sie haben sich alle um mich gekümmert. Sie haben sogar ›Opa‹ zu mir gesagt.« »Von wegen ›Oma‹! Als der Stationsarzt mich ›Oma‹ nannte, hab' ich ihn gefragt: ›Seit wann sind Sie denn mein Enkel, Herr Doktor?‹ Rot ist er geworden. Seine ›Oma‹ war ich danach nicht wieder.« »So verschieden sind wir Menschen. So sehr verschieden. Manchmal denke ich, jeder Mensch lebt ein völlig anderes Leben – hier drinnen.« Sie legte ihre flache Hand auf ihre Brust. »Jeder ist eben ein ganz anderer Mensch. Er kann immer nur ein paar Signale nach außen geben, und wenn die gehört oder gar verstanden werden, das ist dann schon ein Wunder.«

*

Renate kramte in dem Stapel der Gratulationskarten zur Goldenen Hochzeit. Sie suchte nach der, die Julianes Altersfreundin geschickt hatte. »Wenn du wieder fort bist, dann sehe ich sie mir alle an. Was für einen Spruch hat mir denn Frau Behrend ausgesucht? Lies mal vor.« Es war ein Wort von Möricke, mit dem die Freundin sie grüßte. Renate las: »Hab' dein Schicksal lieb, denn es ist der Gang Gottes mit deiner Seele.« Die Mutter legte das Strickzeug beiseite. »Nein, liebhaben dieses Schicksal, das kann ich nicht«, protestierte sie. »Aber der Weg Gottes mit meiner Seele war es, das stimmt, und Freude hatte ich auch.«

*

Den Herbst 1989, die Maueröffnung, die Vereinigung und alles, was danach sich ereignete, hat Juliane nicht mehr erlebt. Lange vorher schon hat sie ihre Stätte auf dem Friedhof gefunden, und, wie ihre Kinder glauben, nicht nur auf dem Friedhof …

Engeltraud Zarbuch, geboren 1932 in Pommern (jetzt: Polen)
ab 1938 in Mecklenburg
von 1960–1968 ev. Katechetin in Frankfurt/Oder
ab 1969 in Sachsen – lebt gerne in Chemnitz

Seit ihrer Kindheit schreibt sie Briefe, Gedichte und Anekdoten.
Veröffentlichungen in verschiedenen Anthologien, u. a. bei
Literareon in »Verschlungene Pfade«.